Big Questions for Young Minds:
Extending Children's Thinking

小脑袋，大问题
——促进幼儿深度学习的高水平提问

[美] 贾尼斯·斯特拉瑟（Janis Strasser）
　　莉萨·穆夫森·布雷森（Lisa Mufson Bresson）／著

孟　晨／译

中国轻工业出版社

图书在版编目(CIP)数据

小脑袋,大问题:促进幼儿深度学习的高水平提问/(美)贾尼斯·斯特拉瑟(Janis Strasser),(美)莉萨·穆夫森·布雷森(Lisa Mufson Bresson)著;孟晨译. —北京:中国轻工业出版社,2019.3(2025.7重印)

ISBN 978-7-5184-2056-8

Ⅰ.①小… Ⅱ.①贾…②莉…③孟… Ⅲ.①思维训练-学前教育-教学参考资料 Ⅳ.①G613

中国版本图书馆CIP数据核字(2018)第171379号

版权声明

Big Questions for Young Minds: Extending Children's Thinking. Copyright © 2017 by the National Association for the Education of Young Children. All rights reserved. Printed in the United States of America.

保留所有权利。非经中国轻工业出版社"万千教育"书面授权,任何人不得以任何方式(包括但不限于电子、机械、手工或其他尚未被发明或应用的技术手段)复印、拍照、扫描、录音、朗读、存储、发表本书中任何部分或本书全部内容,以及其他附带的所有资料(包括但不限于光盘、音频、视频等)。中国轻工业出版社"万千教育"未授权任何机构提供源自本书内容的电子文件阅览、收听或下载服务。如有此类非法行为,查实必究。

责任编辑:王慧超 张天怡   责任终审:杜文勇
策划编辑:高 君   责任校对:刘志颖   责任监印:吴维斌

出版发行:中国轻工业出版社(北京鲁谷东街5号,邮编:100040)
印　　刷:三河市双升印务有限公司
经　　销:各地新华书店
版　　次:2025年7月第1版第12次印刷
开　　本:710×1000 1/16 印张:11.5
字　　数:80千字
书　　号:ISBN 978-7-5184-2056-8 定价:48.00元

读者热线:010-65181109
发行电话:010-85119832 010-85119912
网　　址:http://www.chlip.com.cn http://www.wqedu.com
电子信箱:1012305542@qq.com

版权所有 侵权必究
如发现图书残缺请拨打读者热线联系调换

251040Y1C112ZYW

译者序

长久以来,教师在幼儿的学习活动中一直是教育方案的设计者、执行者,是知识和技能的传递者,是幼儿行动的指挥者。《幼儿园教育指导纲要(试行)》(以下简称《纲要》)重新定位了教师的角色,倡导"教师应成为幼儿学习活动的支持者、合作者、引导者"。这种定位的转变从本质上要求教师要改善知识结构,从观察幼儿、理解幼儿、尊重幼儿入手,促进幼儿的全面发展。

教师在游戏和活动中向幼儿提出高水平问题,它能助力教师最终达到《纲要》的要求。在这个过程中,教师要摆脱在幼儿面前只观察和只监护的形象,真正融入幼儿的游戏和活动,聆听对话,观察行为,参与互动,合作探究,思考课程的走向,并在适当的时机向幼儿抛出发展适宜的问题,从而在师幼互动中根据幼儿的现有水平,为他们的进一步发展提供支架。在这一系列过程中,教师提出高水平问题是一剂催化剂,能直接帮助幼儿延伸游戏的情节,并影响活动的导向。

然而,向幼儿提出高水平问题,对一线教师来说并非易事。不少教师反映,自己并不擅长向孩子问问题。他们在角色转型的过程中往往会出现为了介入而介入、为了互动而互动、为了发问而发问的情况。这样不仅生硬、突兀,有时还适得其反,破坏了幼儿的游戏氛围和兴趣。那么,对于幼儿教师来说,什么样的问题才是有价值的、有意义的?什么样的问题才算得上高水平问题?为了提出高水平问题,该做哪些准备工作?这样的高水平问题应该在什么时机提出?纵观国内已出版的学前教育领域的书籍,笔者很难寻觅到这样一本专为幼儿教师发问而准备的实践指导类用书。由此,本书在国内的翻译与出版可谓应运而生,为众多为发问而焦灼的教师指出了一条明路。

本书作者贾尼斯·斯特拉瑟（Janis Strasser）女士和莉萨·穆夫森·布雷森（Lisa Mufson Bresson）女士均有几十年的幼儿教育行业从业经历。她们在学前教育领域的背景丰富而多元，并且拥有多层面的专业交集和亲密的私人关系。本书依据修订后的布鲁姆分类法，将问题相应地划分成六大级别——记忆、理解、应用、分析、评价、创造，鼓励教师在幼儿有准备的前提下尽可能适宜地提出高水平问题，促进幼儿的思考和学习，培养幼儿的高级思维。

全书分为四大部分，前三部分共十九章，依次介绍了在教室各活动区、一日常规的不同环节及其他多样情境中提出高水平问题的技巧。每一章都以一则情景故事切入，加以粗浅的分析，引出本章主题；进而详细讨论在本章主题下教师为提出高水平问题应做的准备工作，提出促进幼儿学习探索的具体支持策略；最后，根据问题的六大级别，分别提供三个相应的问题实例，供读者参考和理解。第四部分将本书的关键知识点进行了归纳和整理，提供了丰富的提问案例，并以教师和家长便于阅读、使用的形式呈现出来。

"千里之行，始于足下"，教师掌握提出高水平问题的能力并非一日之功。唯愿关心、热爱幼儿教育事业的有心之人在阅读完本书后能获得一点启示和思考，并以此为起点，有机地运用到自己的实践中，在理论和实践融合的过程中不断提升自身的能力和水平，从而实现本书问世的价值。

感谢本书作者贾尼斯·斯特拉瑟和莉萨·穆夫森·布雷森为我们带来这本精彩的著作；感谢中国轻工业出版社，经过与美国幼儿教育协会不懈的商洽，让此书有机会与中国读者见面；感谢山东省淄博市市直机关第三幼儿园的园长、老师和小朋友们为本书提供配图；感谢"万千教育"书系的编辑高君女士对我的信任，她在翻译过程中提出了宝贵的建议，并在出版过程中付出了辛勤的劳动；感谢我的先生韩浩所给予的援助和鼓励，在数月的翻译过程中，我们不断就章节中的要点及关键知识点的译法展开讨论。受学识和经验所限，本书在翻译时虽尽可能忠于原文，但疏漏在所难免，望广大读者不吝指正。

孟晨
2018 年 5 月

目 录

引 言 ··· 1

  布鲁姆分类法及本书的理论模型 ······································· 1

  使用本书 ··· 3

  什么是高水平问题？这些问题是怎样支持儿童思考的？ ·········· 5

  哪些是高水平问题？哪些不是？ ······································· 6

  掌握提问的技巧 ·· 8

第一部分　在教室里的活动区中使用问题 ·································· 13

  第一章　角色游戏区 ·· 15

  第二章　积木区 ··· 23

  第三章　数学／操作区 ··· 29

  第四章　科学区的创客空间 ··· 37

  第五章　书写区 ··· 45

  第六章　艺术区 ··· 51

第二部分　在一日常规的其他环节中使用问题 57

第七章　班会 59
第八章　大声朗读 67
第九章　探索并创编音乐 75
第十章　大肌肉运动 83
第十一章　户外活动 91
第十二章　餐点时间 99

第三部分　在其他学习机会出现时使用问题 105

第十三章　入园后的前几个月支持幼儿情感的发展 107
第十四章　开启新学年之门：通过长期研究探究变化 115
第十五章　使用特色材料 123
第十六章　连续多天的探索 131
第十七章　支持幼儿对于多样性的理解 139
第十八章　充分利用教室中的展示 149
第十九章　记录幼儿的学习 155

第四部分　资源 161

提供给教师及其他幼教工作者的资源 162
提供给家长的资源 168

参考文献 173

当你问幼儿问题的时候，记得要认真聆听他们的回答。作为一位积极的聆听者，你要表现出对幼儿想法的兴趣和对各种答案的开放性态度，而不是聆听你所期待的、所谓的"正确"答案。

——丽贝卡·伊斯贝尔和索尼娅·亚纪子·吉泽明步（Rebecca Isbell & Sonia Akiko Yoshizawa），《培养创造性：关于幼儿学习的基本思维方式》
（*Nurturing Creativity: An Essential Mindset for Young Children's Learning*）

引 言

本书介绍了高水平问题以及这些问题是如何激发幼儿产生更高水平的思维的。作为一名幼儿教师及幼教培训师,莉萨发现,当教师将幼儿带入高水平思维的世界时,一切是那么妙不可言。贾尼斯在与幼儿教师共事的过程中发现,他们常常对于如何避免提出封闭式问题感到十分棘手。我们想为幼儿教师提供一些指导,因为我们发现,幼儿教师是否能够自如地掌握并运用更高水平的问题,会影响他们的教学质量。

最初,我们为《幼儿教育》(*Teaching Young Children*)这本杂志撰写了一系列关于高水平问题的文章。我们得知,很多人把我们的文章用作教师专业发展的培训材料。在这个系列的第四篇文章(主要聚焦于利用教室里的陈列品来激发更高水平的反思性问题,详见第十八章)发表后,一位来自"开端计划"的教师跟我们分享了这篇文章对她的影响。她说:"它仿佛是在我的眼前打开的一扇大门,或是一束在我黑暗的心灵深处闪耀着的光芒。对我而言,这些问题竟然这么重要,给我带来这么大的帮助,简直让人无法相信!"

这便是写作本书的目的所在。经过一定的实践,你也能够运用高水平问题为幼儿创造机会,让他们思考并表达出更为复杂的想法。

布鲁姆分类法及本书的理论模型

1956年,本杰明·布鲁姆(Benjamin Bloom)及其同事创立了布鲁姆分类法。分类法,是关于分类的一套体系。布鲁姆希望为教育工作者提供一种对思维、理解和学习进行分类,以及测量和组织教学内容的方法。这种分类法由六个认知级别组成,从简单到复杂依次为(Bloom, 1956; Fusco, 2012):

知道——回忆事实或其他信息;
领会——简单地理解;
应用——做出推断或将信息应用于其他情境中;
分析——将整体分解成各个部分,并理解各组成要素之间的关系;
综合——将各个要素有意义地组合到一起;
评价——判断某事的价值。

多年来,众多教育理论家重新解读了布鲁姆分类法。在布鲁姆创立分类法之后约50年,洛林·安德森和戴维·克拉斯沃尔(Lorin Anderson & David Krathwohl, 2000)融合了一种新的视角。他们将多年来教育的发展以及教师对于教学、学习和学生评价的认识的演变考虑进来。除了用"创造"取代最后一个级别"评价"之外,其他级别与布鲁姆分类法中的类似。我们将修订后的分类法依然称之为布鲁姆分类法,该分类法为本书所采用的理论模型,因为我们坚信,创造是使得布鲁姆分类法重现生机的重要因素。下表对这两个版本的分类法进行了比较。

两个版本的分类法一览表

布鲁姆分类法(原版)	布鲁姆分类法(修订版)
知道	记忆
领会	理解
应用	应用
分析	分析
综合	评价
评价	创造

教师经常使用布鲁姆分类法向幼儿提出一系列问题,包括能促进幼儿回忆和理解他们所学的知识、应用信息以及尝试新事物的一些问题。尽管幼儿不一定按照认知级别(从低级到高级)有序地发展,但是布鲁姆分类法表明,

幼儿要想在更高的水平应用知识，必须要以基本的事实和信息做基础。布鲁姆分类法的更高认知级别可以帮助教师明白，如何向幼儿提出深思熟虑的问题，以促进并拓展幼儿的学习，鼓励他们进行更具批判性的思考。

鼓励幼儿进行更高水平的思考固然重要，但是其他水平的问题也是有价值的。记忆信息是幼儿能回答更高水平的问题的基础，比如，"吃午饭的时候，你认为我们应该在桌子上摆多少个碟子？"再如，幼儿只有先记住故事里有三只小猪和一只邪恶的大灰狼，并且理解小猪们需要建造结实的房子，才能创造新的故事角色和故事结局。当你熟悉了班级中的每个幼儿后，你就能借助这些分类来促进他们的思考和学习。当班级中出现幼儿的表达性语言并不丰富，或者没有回答过复杂的问题时；当班级中的幼儿是双语学习者时，这一点就显得尤为重要。

使用本书

作为一种实用性资源，本书不仅可以为幼儿教师和园长所用，还可以为高校学前教育专业学生所用。此外，本书也可以为支持幼儿学习的家长提供帮助。本书聚焦于如何将高水平问题与师幼的多种互动有机地融合在一起，具体内容包括如何在教室里的活动区中使用问题、如何在一日常规的其他环节中使用问题以及如何在其他学习机会出现时使用问题。书中的理念源于布鲁姆分类法，并结合了我们同幼儿接触时获得的丰富经验，以及我们所敬重的、为此书做出贡献的同行所提供的专业见解。

每章均提供了着手实施时需要的详尽的操作提示，并针对每个提问级别（记忆、理解、应用、分析、评价、创造）准备了三个例子。这些例子能够帮助教师思考所提问题的类型和问题的表达方式，或让教师了解怎样发表评论性的话语，才能将幼儿的思维导向教师所期望的方向。每章均提供一份儿童书单（"相关绘本"），以支持高水平问题的运用。在整本书中，我们阐述了多种清晰的、实用的技巧和策略。

第一部分：在教室里的活动区中使用问题

本书第一章至第六章讲述了如何在幼儿园班级里的基本活动区使用高水平问题。

第二部分：在一日常规的其他环节中使用问题

本书第七章至第十二章讨论了如何在一日常规的其他环节（班会、大声朗读、音乐时间、大肌肉运动、户外活动和餐点时间）中使用高水平问题。

第三部分：在其他学习机会出现时使用问题

第十三章至第十九章阐述了如何在日常的各种情境中使用问题（比如，在入园后的前几个月支持幼儿情感的发展、帮助幼儿理解多样性、介绍新材料）以及支持幼儿进行高水平思维的新途径（在多天的探索活动中、从学年伊始就开始的长期研究、借助教室的陈列以及记录幼儿的学习）。

第四部分：资源

这一部分列举了一些案例，表明如何在不同的情境中使用不同水平的问题与幼儿进行交谈。本部分还指出，教师可以把一些问题剪下来塑封后做成索引卡片，然后用圆环穿上，放在教室里、口袋里或任何方便拿到的地方。本部分还包括一些对于本章和本书主题的回顾性问题，以及纸质或在线的资源清单。对于家长而言,本书提供了一些可重复使用的资料,这些资料鼓励家长在同幼儿谈论一天的生活、餐点时间及讲睡前故事时提出高水平问题。

什么是高水平问题?这些问题是怎样支持儿童思考的?

思考以下两个问题:

» 关于幼儿的学习方式,你知道哪三件事情?
» 如果要用一幅拼贴画来表示幼儿学习的最重要的方式,那么你会怎样设计?

上述两个问题分别需要哪种思维?第一个问题属于布鲁姆分类法中的最低水平的问题,它需要你的记忆能力,即你需要调出存在于你记忆中的信息或者与幼儿互动的经验。第二个问题属于布鲁姆分类法中的最高水平的问题,即创造。你需要采用一种新的思维方式,即很可能没有现成的答案,你需要进行更高水平的、复杂的、创造性的思考。同样,当你问幼儿一些基本的回顾性问题时,比如,《三只小猪》(The Three Little Pigs)故事里有几只小猪或者老狼是什么颜色的,幼儿不需要太多思考就能回答出来。如果有幼儿回答

不出这类问题，那么你就知道他不懂数字或者不认识颜色，也有可能他对这个故事不感兴趣。但是，如果你想让幼儿进行丰富的认知活动，并且想了解他们是如何思考的，那么你可以问："你能描述一下这只老狼吗？"或者"如果这三只小猪是三条鱼，它们怎样建造房子呢？"相对于低水平问题（"今天早上你是怎么来幼儿园的呀？"），提出高水平问题（"如果你可以用任何你希望的方式来幼儿园，你想怎么来？为什么？"）更富挑战性，但是这种尝试是值得的！

哪些是高水平问题？哪些不是？

一个高水平问题绝不是用"是（有）"或者"不是（没有）"（比如，"你有宠物吗？"）就能回答的问题，其答案也绝非显而易见的（比如，"那辆车有几个车轮？"），更不是只有唯一的答案（比如，"你多大了？"）。幼儿对于封闭式问题或者具有明显答案的问题的回答，或许可以说明他们理解问题、注意力集中，能点数或辨认数字、颜色或形状，但是这些问题并未给幼儿提供机会进行深入的思考。

为知识内容打下坚实的基础至关重要——幼儿只有先记忆信息，才能做到理解信息；只有先理解信息，才能将其应用于实践。你总是期望幼儿的学习能更加深入、更加复杂。提出能让幼儿应用其所学知识或对某一事物进行评估的问题，可以鼓励他们表达自己独特的想法。比较下列幼儿回答的异同：当教师拿出一个杯子问幼儿"这是什么？"时，大部分幼儿都回答说它是一个杯子。但是，当问题变成"你们喜欢这个杯子的什么地方？"时，朱莉娅回答说："上面有很多蓝色的、旋涡一样的圆环，并且我很喜欢这个大大的把手。"胡安回答说："这个杯子跟我外婆的杯子很像。我去波多黎各看望外婆时，看到她经常把肉桂茶和蜂蜜倒进去。"

高水平问题总是让幼儿按照自己的方式来回答，也就是说，幼儿需要运用所学所知来回答问题，而不是回忆死记硬背的信息。如果所问的问题符合该特性，那么幼儿会大为振奋，给出详尽的回答，并很可能会运用复杂的语言。比如，当要求 3.5 岁的克里描述她的宠物时，她说："它非常非常大，它的舌头一直耷拉着，它的尾巴经常甩在咖啡桌上。"当让一群 4 岁的幼儿说出他们觉得这个年龄最重要的事情时，他们会说出一长串自认为了不起的事情，如"熬夜欣赏月亮""翻个筋斗，钻入天空"等。

高水平问题能鼓励幼儿拓展思维和看问题的视角。比如，有一次，教师要求班上的15名学龄前儿童两两结伴讨论如下问题——"如果你们可以设计一辆跑得飞快的小汽车，那么这辆小汽车会是什么样子的？为什么？"幼儿陷入了长时间的讨论，他们概述了自己的想法，互相争辩哪种是最佳车型和设计理由。萨拉说："它要有喷气式巨型引擎，要比闪电跑得快。"贾里德说："我的汽车有翅膀，它飞得比直升机还高。它有412盏车灯，车身黑红相间，看上去闪亮耀眼。"

更重要的是，高水平问题与幼儿个体的年龄和发展阶段相适宜。大多数3岁幼儿的思维是具象思维。也就是说，他们的语言和思维均停留在表层，只关注呈现在他们面前的、实实在在的事物。有些3岁的幼儿无法像大一点的幼儿那样回答更为复杂的问题。到4岁时，幼儿开始进行更为抽象的思考（Copple & Bredekamp，2006）。

教师可以根据布鲁姆分类法提出一系列问题，以促进各个年龄段幼儿思维的发展。比如，当你观察发现一群4岁幼儿把在户外发现的一根小木棒当作叉子或者勺子时，你可以问："用这种新餐具吃什么样的东西会比较方便或不方便？"当你看到一个3岁幼儿用同样的一根小木棒在土里戳了很多小洞或者画了一条线时，你可以说："跟我讲讲你在地上划出的这些印迹吧。"另一种方法是，你就所注意到的幼儿的游戏行为进行一个简单的评论，以此开启与幼儿的对话。比如，对于这群4岁的幼儿，你可以说，"我看到你们发明了一种新餐具！"对于这个3岁幼儿，你可以说："我看到你用小木棒在土里划了很多有意思的印迹。"

在一个特定的互动场景中，针对不同的幼儿应如何恰当地提问，这主要取决于你，因为你最了解班级里的幼儿。尽管并不是所有幼儿都能理解一些高水平的概念，但是你仍然有必要这样提问，以促进幼儿高水平思维的发展。比如，你可能会问汉娜，她带的胡萝卜够不够给老师、她自己和旁边的幼儿每人一根，以及她是怎么知道答案的，而不是问她"这一捆胡萝卜一共有几根"。如果这样的问题对于汉娜来说有难度，那么你可以帮助汉娜点数胡萝卜的数量和人数，然后问她每人分一根够不够。

幼儿的发展速度各异，他们的答案也许会令你大为吃惊。有时，你可以让幼儿两两组合来回答问题，也可以以小组、集体的形式进行提问，以帮助

那些尚不能独立回答问题的幼儿。要牢记,像"我想知道……"("我想知道为什么会发生这样的事情")或者"跟我说说……"("跟我说说下次你会做出哪些改变")这样的表述,尽管句子末尾没有问号,但是也能促进幼儿思维的发展!

掌握提问的技巧

"掌握提问的技巧"图表是根据安德森和克罗斯沃尔(Anderson & Krathwohl, 2000)的研究成果生成的,该图表可以帮助你直观地了解如何依据我们的理论模型,对幼儿进行高水平提问。随着级别的升高,问题的难度也会逐渐提高,相应地,幼儿需要越来越深入地进行思考。要记住,幼儿不一定会停留在某一发展阶段不动——他们的思维水平会随着阅历的增加、知识的增长、想法的增多而发生变化。比如,对于一个自己有丰富经验的事物,4岁的幼儿可能去尝试、推断;然而面对一个新生事物,他可能需要花费大量的时间来获取基本信息、理解知识内容并加以应用。

当你向幼儿提问时,要记住以下几点。

» 准备好要提的问题,考虑一下幼儿所处的发展水平。幼儿有足够的词汇来描述日落的场景吗?

» 考虑幼儿的先验知识。他们知道什么是恐龙吗？他们去过比萨店吗？
» 以"我想知道……"或"你注意到什么……"的句式对幼儿进行提问。这种提问方式打开了幼儿深入思考和观察的大门。
» 不要惧怕使用"高端大气"的词汇，如"编舞""小发明""垂直的""种族隔离""记录""反思""配饰""摩天大楼""鸟类学家"等。幼儿会通过语境来理解这些词语的含义，他们的词汇量会得到飙升！
» 确保留足等待时间，让幼儿理解你的问题并思考、回答。至少留出两到三秒钟的时间，但是时间长度也要根据幼儿的实际需要灵活变化。
» 在幼儿做出回答后，再提一个问题或者进行评论。比如，"我们还可以加上什么"或者"再多说点吧"。
» 向幼儿发出提问后，要认真聆听他们的回答。使用积极聆听的策略：眼神接触、鼓励幼儿分享想法、重述或概括幼儿的表述。

更高水平的思维是使大脑更聪明的思维

你可以用如下方式向幼儿解释什么是更高水平的思维。你还可以问问幼儿对此的理解。

- "能让大脑更聪明。"
- "像让大脑做操。"
- "就像拿着放大镜看东西一样，或者（对于幼儿中的计算机高手来说）像把一张照片放大了。"
- "我们从这儿（指着头）获取想法，然后用蜡笔、积木、橡皮泥或者我们的身体把它们表现出来。"

一个优秀的聆听者是什么样的

当成人发自肺腑地对幼儿说的内容感兴趣时，幼儿是能感知到的。上小学的儿童是以如下标准来判断一个人是否是一个优秀的聆听者的。

- 适当的眼神交流。
- 有耐心，不打断他们说话。
- 提问的时候语气友好。
- 运用语言和非语言的形式做出回应。
- 注意力集中在说话人的身上。（Jalongo, 2008）

掌握提问的技巧

1 记忆
"这是什么动物？"

幼儿能够
- 识别
- 命名
- 点数
- 重复
- 回忆

2 理解
"跟我说说这个动物吧。"

幼儿能够
- 描述
- 讨论
- 解释
- 总结

3 应用
"你还在什么地方见过这种动物？"

幼儿能够
- 解释原因
- 表演
- 建立联系

4 分析
"这只动物和我们的宠物小兔子相比有哪些地方是一样的？"

幼儿能够
- 识别不同点
- 尝试
- 推测
- 比较
- 对比

5 评价
"你为什么觉得这只动物不适合/适合做宠物？"

幼儿能够
- 表达观点
- 做出判断
- 争辩/评论

6 创造
"你能做出哪种别人没有见过的动物？"

幼儿能够
- 制作
- 建构
- 设计
- 创作

双语学习者（Dual language learners，DLLs）或者在两种（或更多种）语言环境中成长的幼儿，可能尚未掌握能回答某些问题的英语词汇。不过，有研究者发现，"当幼儿在两种语言环境中徘徊的时候，这增加了认知的灵活度和对工作记忆的使用程度。"（Galinsky & Gardner，2017）一开始，要从简单的、低水平的问题入手，等到幼儿能自如应答后，可以逐渐增加所提问题的难度。如果你或者其他成人所用的语言为该幼儿的母语，那么就用母语来提问，或者请其他幼儿协助来翻译。使用母语比使用英语更能促进幼儿高水平思维和语言表达能力的发展。阅读"面向幼儿双语学习者的教学工作"这部分内容，你可以得到更多关于使用高水平问题支持双语学习者的提示。

面向幼儿双语学习者的教学工作

- 找到一位能用幼儿的母语进行交流、提问的成人、同龄人或者大孩子，以支持该幼儿母语及英语技能的发展。*
- 要意识到有时幼儿会羞怯于用英语应答。*
- 使用大量的手势、图表和其他辅助资源来澄清问题。*
- 给幼儿额外的时间来理解问题。*
- 请幼儿的家人帮助你学会一些问题的表述，例如，用幼儿的母语说："你觉得接下来会怎样？""你的策略会有什么效果？"借助智能手机或平板电脑记录幼儿的回答。保留录音，找人帮忙翻译过来，以便追踪、记录幼儿回应问题的能力的发展。

*改编自内梅特（Nemeth，2012）。

第一部分

在教室里的活动区中使用问题

问题不是我该怎样介入（幼儿的游戏），而是我的介入会带来什么影响？我说的话什么时候能引导幼儿对问题和可能的解决方法进行更深入的思考和表述？我说的话什么时候会绕过问题，并且让小演员们安静下来？我的回应什么时候能结束话题？

——薇薇安·佩利（Vivian Paley），
《论聆听幼儿的言语》（On Listening to What the Children Say），
引自《哈佛教育评论》（Harvard Educational Review）

第一章 角色游戏区

利格瑞夫人所带的混龄班中的幼儿正在他们所选择的、感兴趣的区域中游戏。在角色游戏区中，5岁的乔西穿了一件绸缎做的和服——上面绣有鸟的图案，然后在头上系了一条长长的、带有蓝色亮片的布。乔西从服饰篮中找出一条条纹领带，并把这条领带套在了和服外面，起到了画龙点睛的作用。然后，她从科学区拿来一堆光滑的鹅卵石，从数学区找了几块拼搭正方体，从教室的创客空间找来一把毛绒球。最后，她站在一个硕大的搅拌碗前，一边把这些想象的"食物"倒进去，一边专心致志地搅拌着。

朱塞佩坐在一旁的桌子边，面前放着一个记事本。他正在用蓝色的蜡笔在纸上涂写数字和字母形状的东西。他激动地对乔西说："你得一直搅啊搅。"

利格瑞夫人注意到乔西把从教室里各个区域中搜罗来的玩具都混在了一起。她的第一反应是让幼儿不要把各个区域中的玩具都混放在一起，但是说出这句话之前，她先在幼儿身边坐下来，安静地观察他们的游戏。利格瑞夫人注意到，乔西每往碗里放一样东西，朱塞佩都会在记事本上记一笔。她忽然意识到，这两个孩子创造出了一个高度复杂的游戏场景，这个场景不仅包含角色扮演和创造性装扮，同时还涉及数学和读写部分的内容。

"乔西，你在做什么呀？"利格瑞夫人问她。

"做汤！"乔西大声说。"我把它们搅在一起，朱塞佩在记食谱。他是我的帮厨，我们所有的朋友要来参加聚会。"她走到小床边，小床上所有的玩偶都已经排好，这是利格瑞夫人之前没有注意到的一个游戏细节。

这位教师没有向幼儿提一些简单的问题，诸如有多少人来参加聚会、乔西的和服是什么颜色的，而是决定跟随乔西的引领，问乔西是怎样产生做食谱这个点子的。

然后，利格瑞夫人问是否能帮他们为这次聚会做点什么，朱塞佩说她可以帮忙照看一下宝宝。利格瑞夫人同这两名幼儿一起进行了15分钟的游戏，在这个过程中，她一直提醒自己不要干扰或主导游戏，只是就幼儿在游戏过程中涉及的数学和读写方面的内容，提出了几个开放式问题。在去观察其他幼儿之前，利格瑞夫人做了一下记录。她会在整理时间再来角色游戏区，把乔西所用的那些材料的盛放容器拿过来。她计划让幼儿体验一次分类游戏，即根据容器上的标识，把"汤"里的材料分门别类地放回去。

假装游戏的世界是没有边界的。幼儿在深入探究想象的世界时，会无比投入地沉浸在美妙的情境中，周围的一切都黯然失色。角色游戏区为高水平的提问提供了诸多机会，特别是在探究一些涉及日常生活中复杂的人类社会机制的问题时，该区域对幼儿的辅助效果更为明显。幼儿通常会在角色游戏区重现在家里、电视上、社区里看到的事件，有启迪作用的提问有助于理解幼儿游戏背后所反映的事件，并明白为什么该事件对幼儿十分重要。例如，如果你看到一名幼儿在角色游戏区打玩具娃娃的屁股，你可能下意识地会说："这样做不对，别打玩具娃娃的屁股了！"与其这样，不如退后一步，纵览全局，尽量了解幼儿出现这种行为的原因——极有可能因为她曾亲眼看见过这种行为，或者有过类似的亲身经历，抑或在这个安全的假装情境中，发泄对家里新出生的弟弟或妹妹的不满。面对此情此景，教师要用描述性语言和问题来接纳幼儿的情绪，促使幼儿敞开心扉，畅谈其情绪和感受。例如，你可以说："我知道你对小宝宝很不满。到底发生了什么事情，让你这么不开心？"对于幼儿来说，不存在"恶劣的"想象游戏情境。角色游戏为教师更加深入地了解幼儿的世界，以及现实生活中存在的各种可能提供了机会。

着手实施

在假装游戏中进行高水平提问之前，必须把假装游戏作为一种有价值的、合理的幼儿自我表达方式，你要牢记这一点。和读、写一样，假装游戏也是一种交流表达的方式，它是幼儿所参与的最高水平的游戏形式之一。幼儿通过假装游戏来进行交流，明白周围社会的运作规律。如果教师能重视幼儿在角色游戏区的游戏，并借此机会深入了解幼儿，那么就能支持幼儿高水平的思考和学习。

进入角色游戏区，找个地方坐下来后，你会突然感到无话可说——这种情况其实并不罕见。遇到这种情况时，最好的处理方法是什么也不说，宁愿这样，也不要让"你在干什么呀"或者"你穿的这件衣服真漂亮"之类的话脱口而出。教师只有在感到有话可说、有话可问，并且确保说出来的话语能支持或延展幼儿的学习时，才有必要开口说话，否则只要注意观察和聆听就好。如果教师认为对幼儿的游戏情境已经了然于心，那么可以说一些简洁的评论性语言或提出问题。

教师在参与幼儿的假装游戏时，要确保不能主导该游戏；相反，教师要考虑在幼儿已有的经验基础之上，怎样做才能拓展他们的学习。例如，教师对幼儿的游戏进行了数分钟的观察之后可以说："跟我说说你们创造了什么吧。"或者说："我还不知道你们为什么要这样摆椅子呢。"这种方式可以让教师更加准确地了解幼儿的游戏内容。如果教师发现几名幼儿在假装用勺子吃碗里的东西，便立即说："噢，你们在吃冰激凌吗？我们自己来做冰激凌吧！我来拿几个碗和搅拌勺，我再把其他要用的东西拿过来。"这样的话，游戏情境就不再属于幼儿了。教师把对游戏发展方向的想法附加给幼儿，这改变了幼儿的计划，打断了幼儿对所想象世界的探究。教师向幼儿提出的问题要既能延伸幼儿已有的游戏脉络，又能激发幼儿产生新的游戏，比如，"你好像在吃碗里的东西。你能给我一些线索，让我猜一猜碗里有什么吗？"

支持幼儿的游戏和学习

幼儿的假装游戏也能反映出幼儿的发展水平。一名约 3 岁的幼儿刚刚开始进行抽象思维，他可能会拿一把木制的勺子放在耳边，把勺子当成一部手

机；而一名约5岁的幼儿可能整个小时都会沉浸在复杂的假装游戏中，不停地扮演角色，进行丰富的对话，并自制小道具，这种表现与本章开头乔西和朱塞佩的情况相似。其间，有些幼儿会自如地进入角色或者跳出角色，指导其他幼儿扮演游戏。另外一些幼儿则要花费一番工夫，才能接纳小伙伴们，使他们融入现有的游戏情境。

　　教师向幼儿提出启发性的问题或者向幼儿描述在角色扮演中所观察到的细节，能促使幼儿对所创设的情境进行更加深入的思考。同时，这还能敦促幼儿思考他们所遇到的不同事件之间的联系，进而产生新的关联。如果教师有机会观察一群幼儿进行假装游戏，注意到其中一名幼儿围头巾的行为后，就可能会问："你以前在哪儿见过这种头巾？"以此帮助幼儿思考游戏背后的灵感来源。或者，教师可能发问："我看到桌子上摆了4个盘子，你说有5个娃娃会来参加聚会。那么你怎样才能保证每个娃娃都有一个盘子呢？"以此激发幼儿的数学学习。

指引幼儿的方向，重燃幼儿的兴趣

如果角色游戏区中的活动从高水平、热闹非凡逐渐转入低潮，或者幼儿在角色游戏区出现左顾右盼、三心二意的情况，那么就要考虑如下情况。

- **所提供的材料有趣味性吗？** 考虑在区域中添置旧照相机、手机、服装配饰或墨镜等物品，并且不定期更换材料。
- **所提供的材料足够幼儿使用吗？** 应当提供足够的材料，以便三至四名幼儿可以用洋娃娃做游戏、进行假装进食的活动或者能穿衣打扮等。
- **幼儿融入正在进行中的游戏时有难度吗？** 回顾一下幼儿在家庭中所经历的先前经验、幼儿的语言发展情况以及班级中的社会机制。

角色游戏区的一个关键性作用是，为幼儿创造性的想象游戏提供场地。教师应是一名具备自我反思能力的实践者，他们要对这些问题定期进行评估——对于幼儿来说材料是否方便可得？幼儿是如何使用材料的？然后，当幼儿沉浸在角色中开始深入探究世界时，向幼儿提出高水平问题，这样会帮助他们为未来的学习打下坚实的基础。

相 关 绘 本

Lion Lessons, by Jon Agee
Shhhhh! Everybody's Sleeping, by Julie Markes
Stone Soup, by Marcia Brown
Tortillas and Lullabies/Tortillas y Cancioncitas, by Lynn Reiser
Where the Wild Things Are[1], by Maurice Sendak

---

[1] 中文版《野兽出没的地方》，阿甲译，明天出版社，2009年出版。——译者注

运用提问拓展幼儿的思维和学习

1　记忆
（识别、命名、点数、重复、回忆）

- 这种蔬菜是什么颜色的？
- 收银机里有几枚 1 角硬币？
- 你选的围巾是什么颜色的？

2　理解
（描述、讨论、解释、总结）

- 你先往碗里放了什么？然后呢？最后呢？
- 请告诉我，你的花店里有什么花。
- 你和迪诺是一家人吗？你们是什么关系？

3　应用
（解释原因、表演、建立联系）

- 我看到你在美发店里摆放了各种美发用品，你打算如何用这些美发用品给顾客做头发呢？
- 现在你扮演的是奶奶，你怎样才能让宝宝不哭？
- 你什么时候见过这样的菜单？

4　分析
（识别不同点、尝试、推测、比较、对比）

- 你妈妈拿来了一块布，你怎样能把这块布变成扮演用的衣服？
- 怎样能让这几碗汤都一样多？你怎么判断这几碗汤都是一样多的？
- 你怎样用一支铅笔和一个本子，把动物医院里的病人的先后顺序排好？

5　评价
（表达观点、做出判断、争辩/评论）

- 理发店里来了一位想做卷发的客人，哪些美发用品是用来做卷发的？为什么？
- 篮子里的围巾你最喜欢哪一条？为什么呢？
- 你不肯让真由美到你布置好的诊所里来玩，你觉得她会有什么感受呢？

6　创造
（制作、建构、设计、创作）

- 我们在教室里找点材料做个能让洋娃娃坐得高点的东西，这样你给她喂吃的时候就更省事了。
- 在整理时间，大家把材料归位的时候好像都遇到了困难，什么样的标识才能帮助大家知道材料的摆放位置？
- 我把你讲给害怕看牙的病人的故事记了下来，你或许可以把这个故事再说详细点，我们能做出一本故事书来。

提出问题,专注聆听,若这两者交替着进行,将有助于判断在什么时间点适合提出有深度的问题。
——丽贝卡·伊斯贝尔和索尼娅·亚纪子·吉泽明步,《培养创造性:关于幼儿学习的基本思维方式》

第二章 积木区

罗莎妮·里甘·汉塞尔（Rosanne Regan Hansel）

5岁的卢西亚娜想用单元积木搭建一个火车站——这个火车站就像她每天上学路过的那个火车站一样。卢西亚娜的老师——达尼塔女士在听她解释她的想法，并且鼓励她再说得详细点。

卢西亚娜：我想把这个建得很牢固，就像《三只小猪》里的砖房子一样。这样，就算火车闯进来，也不会把它撞倒。

达尼塔女士：我注意到刚开始时，你的房子要倒。后来你是怎么让房子牢固不倒的呢？

卢西亚娜：我把长的积木放在下面，把小积木小心地摆在上面。

达尼塔女士：这个想法还是不错的。我们之前在学校附近散步的时候拍了一些建筑物的照片，不知道会不会有帮助。你去找找看有火车站的照片吗？

卢西亚娜（把在学校附近散步时拍的照片翻了一遍）：有的，我找到了。看！火车站是类似正方形的，不像摩天大楼那样高。噢，前面像柱子一样的，就像这些（边说边拿起两个木制柱状体）。

达尼塔女士：这叫圆柱。你在照片里能找到多少个这样的柱子？

卢西亚娜（指着照片点数）：六个！

达尼塔女士：很好！你做好开始搭建的准备了吗？

在开头的这段文字中，卢西亚娜想搭建一个火车站，达尼塔女士在帮助卢西亚娜完善细节的过程中，塑造了一个成熟的聆听者的形象。教师充分地参与到幼儿的积木游戏中，并关注幼儿的搭建内容、提出问题、表现出对幼儿努力的赞赏，这些行为让卢西亚娜感到教师是重视她的工作的。教师在这一关键步骤中观察并讨论幼儿的游戏，为进一步拓展幼儿的游戏计划创造了条件。

着手实施

教师提出开放式的问题，就意味着教师在鼓励幼儿进行更深入的参与和思考，以此帮助他们在用积木搭建和创作的过程中记忆、理解、应用、分析和评估。教师可以像达尼塔女士那样描述所目睹的场景，或者简单地说："跟我说得详细点儿。"以此鼓励幼儿更加详尽地介绍他们正在做的事情。向幼儿提出问题固然重要，但是也要通过实践练习，避免过度提问。达尼塔女士敏锐地注意到卢西亚娜想出的点子，并为她提供了资源来延伸这个想法。"你在照片里能找到多少个这样的柱子？"，即便教师提出了这样一个低水平的问题，但这也别有用意，这个问题能鼓励幼儿寻找对成功建构有帮助的资源。

支持幼儿的游戏和学习

在什么时候提出问题和如何提出问题，都要经过前期准备才能确认。把适合在建构积木时提的开放式问题专门列一张表出来（如本章中所示），并把这张表贴在便于教师查看的地方，这不失为初期实施的一个好办法。随着教师的提问技能越来越纯熟，他们就能在观察和互动的过程中越发自然地提出有针对性的问题。幼儿会在积木区建构，也会把用积木搭建的建筑物画下来，并在集体讨论中回顾他们的工作，在这些时候，教师都可以与幼儿进行启发式的对话。

在建构过程中

教师通过尽早设定对建构行为的预期，并支持幼儿和给予其时间来实践这些规则，可以保证幼儿在积木区中的安全。这些规则通常包括：积木只能用于建构、幼儿只能拆解自己的建筑物（Tunks，2009）。当幼儿了解了积木区中关于建构的基本规则并能成功地、创造性地开展积木游戏时，教师就容易将注意力转向班级中的其他区域。这个想法万万不可取！这时，教师还要利用一段时间观察幼儿在建构什么、跟谁在游戏、遇到了什么问题、有什么发现、表现出什么样的兴趣，这样做有利于教师提出问题，帮助幼儿保持对建构活动的专注度，并且进一步延伸他们的计划（Hansel，2017）。例如，教师可以这样问：

» 你给火车站增加了哪一部分？火车是怎样开进开出的？

» 你用哪种积木建的这个塔？

» 你用哪种积木能把这堵墙建牢固？你是怎样发现的？

当幼儿表征他们所搭建的建筑物时

把搭建的建筑物画下来，有助于幼儿进行细致的观察，也有助于强化他们的视觉空间技能和精细运动技能。教师可以在积木区投放夹有白纸的书写夹板和马克笔，请幼儿将已经建构出来的物体画出来，或者将准备建构的物体勾勒出来。通常，语言发育迟缓的幼儿或者双语学习者，在有能力通过语言描述他们所知道的事物之前，会先通过绘画表现出来。教师要鼓励幼儿将所思所想表达出来，这有助于发现幼儿可能存在的谬见。

以下为幼儿在绘画所搭建的物体时，教师有可能提出的问题或说出的评论性语言。

» 你想先画哪一部分？（如果幼儿想把搭建的物体画出来，但是感到无从下手，那么教师就可以先问这个问题，帮助幼儿进行步骤分解。）

» 你画火车站用到了哪些形状？搭建火车站的时候用到这些形状了吗？在哪儿？

» 你刚才说你造了一条隧道让火车穿过去，请再跟我详细说说。

集体讨论

掌握恰如其分的提问技巧极具挑战性，但是了解培养幼儿好奇心的方法，并鼓励他们在集体讨论时自信地提出问题更是难上加难！有一个好办法是，让反思成为一日生活的重要组成部分。如果班级中形成了幼儿在集体活动时互相尊重、相互聆听的氛围，那么每位幼儿都会因此拥有安全感，并体会到自身的价值。例如，卢西亚娜搭建完了火车站，达尼塔女士请她在集体活动时间分享她所画的搭建的火车站。教师看着她、在她发言的时候保持安静，并且提出了有启发性的问题，以此向幼儿示范什么叫作对卢西亚娜表示尊重。达尼塔女士在记录纸上写下了幼儿提出的重要问题和他们观察到的情况，并清楚地解释了观察和提问的区别，然后，她把记录纸张贴在了积木区。她悄悄地提醒个别幼儿不要打断卢西亚娜的发言，并且解释说，大家有责任相互尊重、认可，每个人都有发言的机会。幼儿进行反思，可以让他们更充分地认识到自己的思考和收获。

面对正在分享自己想法的幼儿，你可能提出的问题有：

» 你搭的这个建筑物，想让大家知道什么？
» 建_____的时候，你觉得最难的部分是什么？
» 你是怎样做的？

集体讨论和反思时，你可能提出的问题有：

» 你是怎样建_____的？
» 你建的时候觉得难吗？为什么难（为什么不难？）
» 你怎样能把_____建得更好或与众不同？

相关绘本

Building a House, by Byron Barton
Dreaming Up: A Celebration of Building, by Christy Hale
The Lot at the End of My Block, by Kevin Lewis, illustrated by Reg Cartwright
Roberto: The Insect Architect, by Nina Laden
When I Build With Blocks, by Niki Alling

幼儿计划搭建、进行建构并表征他们的建构作品，这对其在诸多方面的发展都有提升作用（Hansel, 2015）。教师能通过提出开放式的问题，将幼儿的知识技能提升到一个新的高度，但前提条件是，这些问题要能鼓励幼儿更深入地参与、更长久地坚持、更富有创造性地思考，要能有助于幼儿解决难题、团结协作、交流分享，并促使幼儿将其所学运用于新情境中，这些关键技能将使幼儿受益终身。

运用提问拓展幼儿的思维和学习

1　记忆
（识别、命名、点数、重复、回忆）
- 你用积木搭的宾馆是什么形状的？
- 你用多少块积木搭出了这个塔？
- 谁住在这个房子里？

2　理解
（描述、讨论、解释、总结）
- 你用积木摆了个什么图案？
- 我发现你把重的积木都放在了下面，这是为什么？
- 我发现你搭的房子和你画的草图不一样。你为什么在搭房子的时候变了呢？

3　应用
（解释原因、表演、建立联系）
- 请用肢体动作表演一下动物是怎样进出窝棚的。
- 你是怎样搭出那个形状的？
- 你是怎样把屋顶搭起来的？请演示给我看看。

4　分析
（识别不同点、尝试、推测、比较、对比）
- 你搭的房子和卢卡斯搭的房子（和我们之前在照片里看的房子）有什么不同？
- 还有什么办法能让大桥不倒？
- 你准备用哪些积木搭城堡？为什么？

5　评价
（表达观点、做出判断、争辩/评论）
- 大桥的哪部分最不好搭？为什么？
- 如果我们把这块积木拿走，空出来的地方做出入口，会怎样？
- 哪些积木搭起来的建筑物最有意思？为什么这么认为呢？

6　创造
（制作、建构、设计、创作）
- 你准备在纸上设计什么样的高楼？要写点什么才能在我们把积木都收走的情况下你也能记住？
- 你觉得在整理时间很难弄清楚积木应该放在什么地方。我们怎样做才能让你更明白呢？
- 你觉得你搭的停车库太小了，没法停下所有的车。怎样才能搭一个能停下所有车的车库呢？

数学这个词让成年人回忆起的是,经过一番机械的运算得出正确的答案,这是我们所经历的校园岁月留下的记忆。但是,从本质上来说,数学是对感知和意义、模式和关系、顺序和可预见性的一种探寻。

——朱厄尼塔·V. 科普利(Juanita V. Copley),《幼儿与数学》(第 2 版)
(*The Young Child and Mathematics*, Second Edition)

第三章 数学／操作区

辛迪·吉娜雷莉和玛丽·德布拉西奥（Cindy Gennarelli & Mary DeBlasio）

"朋友们，早上好！"玛利亚夫人一进班级就同小朋友们打招呼。"基拉，今天你是第一个到教室的！"她边说边竖起一根手指。"早上好，杰克，你是第二个到的。"玛利亚夫人这回竖起了两根手指。她继续和每位幼儿打招呼，按照幼儿到教室的顺序，从第三个到第十五个依次报出来。

每位幼儿都站在白板前，回答白板上为这一天准备的问题：最后一个瓶子里有几块石头？白板旁边有三个瓶子。第一个瓶子里有三块石头，还有一个数字3在瓶子下面；第二个瓶里有十块石头，还有一个数字10在瓶子下面；第三个瓶里有八块石头，瓶子下面没有数字。幼儿把他们发现的结果写在白板上的表格里，同时玛利亚夫人问了幼儿几个问题——"你为什么认为是那个数字"……并把幼儿的回答记了下来。

在晨谈环节快结束的时候，玛利亚夫人读了莫莉·贝丝·格里芬（Molly Beth Griffin）的绘本故事《罗达寻石记》（Rhoda's Rock Hunt），还为幼儿展示了罗达收集的石头。她给每位幼儿发了几块石头，让他们找找看能发现什么。幼儿使用了诸如"光滑""疙疙瘩瘩""大""小""粗糙""圆润"等词来形容他们拿到的石头。

在幼儿选择自己感兴趣的区域时，玛利亚夫人提醒说，他们也有许多和罗达在故事里玩的一模一样的石头。"罗达对石头进行了排序、分类、点数。我想知道我们能怎么玩。"

当幼儿在数学／操作区操作石头的时候，玛利亚夫人听到幼儿说"玛利亚夫人，我按一定的规律摆好了"或者"我把石头摆稳了"。

她也回应幼儿："我看到你按规律摆的了，真不错。你还能用这些石头摆出什么样的花样呢？""我看到你把石头一个一个叠在上面，摆得很稳。不知道你能不能再放一块石头上去？"

玛利亚夫人发现，两名幼儿根据数学/操作区表格里贴出来的问题，自主生成了新的问题（"你喜欢石头吗？"）。他们拿着带有问题的夹板在教室里四处走动，询问小伙伴问题。这两名幼儿恳切地告诉小伙伴们，他们要在"是"或者"否"栏里用计数符号来统计结果。

基拉又补充道："记得要从上到下竖着画线。但是数一、二、三、四的时候是竖线，数到五的时候要斜着画一条线。"

后来，玛利亚夫人让这两位幼儿告诉大家他们的统计结果，以及从中发现了什么。

幼儿是天生的数学学习者，数学是他们日常生活的一部分。他们对有意义的数学概念非常敏感：他们的年龄、谁先有玩具、排队的时候谁是排头，或者谁更快、更高、更矮。然而，他们可能并未掌握与这些概念相关的知识和词汇。教师要帮助幼儿在这两者之间建立起连接。

从上文发生在玛利亚夫人教室里的故事中可以看出，运用日常经验和提问技巧来培养幼儿的数学词汇和数学概念简单易行。尽管这些对话和活动看起来是随机发生的，但是玛利亚夫人有意识地选取了能将幼儿的经验和数学学习相连接的材料和方法。例如，她同幼儿打招呼时，所采取的活动涉及序数方面的数学概念（提到谁第一个、第二个、第三个到教室等）；她用手指来体现对数的感知；她的问题和提议能激发幼儿思考他们在使用什么材料、他们是怎样使用的、他们的行为所引发的结果是什么。幼儿主动参与，积极回答与这一天有关的问题，这些培养了幼儿估计、点数和写数字的技能。在区域活动时间，玛利亚夫人继续通过以幼儿为中心的活动（例如排列和平衡）来提高幼儿的数学学习，通过深入地提问和观察来拓展他们的思维。

着手实施

教师为幼儿提供数学材料，让他们有机会点数、测量、分类、排序、比较数量和尺寸、认识形状和模式、熟悉数字的书写、理解时间。材料应包括

与家庭环境有关的物品、自然材料以及对幼儿而言的新事物。除此之外，还要投放一些具有激发和增强幼儿好奇心、引发讨论、促进问题解决和数学学习作用的材料。关于提供什么样的材料，请参考以下建议。

» **点数：** 石头、树枝、橡树果、纽扣、瓶盖、绒球、珠子。

» **测量：** 磅秤和天平、尺子、卷尺、量勺和量杯，以及非标准测量工具，如一段绳子、一只鞋、一块幼儿手掌形状的纸板、单元积木。

» **分类：** 不同颜色、尺寸、重量的物品，以及分类用的容器，如小号可回收纸箱和纸盒、塑料杯、松饼盒、制冰盒。

» **排序／排列：** 贝壳、树叶、不同颜色的颜料、排列卡（难易程度不同）。

» **比较数量和尺寸：** 操作类材料，如多米诺骨牌、圆点卡片、数字钉板、数字拼图、骰子、数字卡片与衣夹（用于夹住正确的数字）。

» **认识形状和模式：** 漫画拼图、几何板、形状分类玩具。

» **熟悉数字的书写：** 数字轮廓、数字吸铁石、收银机、旧电话、日历、生日挂图、食谱卡。

» **理解时间：** 闹钟、计时器、沙漏。

幼儿在使用这些物品时，教师向他们提出高水平问题（例如，"如果换一种方法，能怎样给这些纽扣分类？"或者"我们怎样确定沙水桌里水的高度正好够玩小玩具？"），比问幼儿"有几粒纽扣？"或者"玩具是浮起来的还是沉下去的？"更有益于数学学习。教师要谨记，如果教师面对的是个别幼儿，那么所提的问题要符合该幼儿的发展水平；如果教师面对的是幼儿群体，只要该群体中有一名或多名幼儿有能力应对更高水平的问题，那么教师就可以鹰架其他幼儿的学习。

支持幼儿的学习

帮助幼儿打牢数学基础很关键，会影响到他们将来在学校中乃至日常生活中能否取得成功。反思一下，教师每天是否给幼儿提供机会，让他们解决问题、使用数学方面的词汇、进行推理、做出选择并产生关联。以下提供了一些操作方法。

» 在沙水桌里投放一个天平。教师同幼儿互动，所提的问题要能鼓励幼儿预测出行为的结果："天平两边要各放几勺水（沙子），才能保持两端的平衡？""你能从其他区域里找到什么材料放在天平的一边，让天平保持平衡？""你能用不同的材料让天平保持平衡吗？如果能，说明了什么？"

» 用小方块作为非标准测量工具，让幼儿测量物体的高度或长度，并让幼儿记录活动中的发现。例如，椅子有多少个小方块高？桌子有多少个小方块长？用绘画作品、照片和文字做一本书，记录或高或矮、或大或小的物品。

» 在数学/操作区，让整理活动成为一种分类或排序的体验。如果幼儿像第一章开头部分描述的那样，把各种各样的操作材料都混在了一起，教师则可以把贴有各种物品标识的收纳盒放在桌上，让幼儿一边分类一边放回去。教师还可以问幼儿："在把东西从这一堆玩具里拿出来时，你发现了什么？"如果幼儿尚未具备回答这种高水平问题的能力，那么可以问一些诸如"哪个托盘上的材料最多（少）？"或者"你找出几个小汽车？"这样的问题。

» 去户外散步，亲近自然，鼓励幼儿寻找自然界中的模式（McLennan，2017）。把放大镜、夹板和铅笔带上，让幼儿把所发现的石头、蜘蛛网、鲜花以及其他物品中存在的模式画下来。请幼儿描述一下该模式，并且说一说他们觉得这样的模式会不会发生变化。如果在户外不容易实现，那么可以考虑把物品投放到教室里。

» 测量南瓜、大树或者任何幼儿感兴趣的圆形物体的周长（McLennan，2017），并问幼儿可以用哪种标准和非标准工具来进行测量。不要害怕使用和解释"周长"之类的复杂词汇。

» 准备一个旧棋盘和其他一些物品（骰子、陀螺等），让幼儿创编出棋盘游戏（McLennan，2017）。或者，在户外柏油路地面上画一个大棋盘，让幼儿创编出一项大肢体运动游戏！教师可以问幼儿："用这个棋盘和其他东西能玩什么游戏？""如果我们把自己当成这个用粉笔画出来的大棋盘上的棋子，那么可以怎么玩？"

相 关 绘 本

Balancing Act，by Ellen Stoll Walsh
Ernest, the Moose Who Doesn't Fit，by Catherine Rayner
Perfect Square，by Michael Hall
Shapes That Roll，by Karen Nagel, illustrated by Steve Wilson
You Are (Not) Small[1]，by Anna Kang, illustrated by Christopher Weyant

---

1 中文版《小不点与大块头》，李慧雅译，北京联合出版公司，2016年出版。——译者注

运用提问拓展幼儿的思维和学习

1　记忆
（识别、命名、点数、重复、回忆）
- 房子里住了多少个人？
- 这是什么形状？
- 这个警察局拼图总共有多少块？

2　理解
（描述、讨论、解释、总结）
- 请跟我说说你用珠子在绳子上排出来的模式。
- 你准备用哪些形状来做拼贴画？
- 请介绍一下你用什么办法知道今天来了多少个小朋友。

3　应用
（解释原因、表演、建立联系）
- 请用5个鸭子玩偶边唱边表演《五只小鸭子》。
- 如果今天班里有12个小朋友，但是只有10块饼干，怎么保证每个人都有一块？
- 你怎样能自己（和一个人一起、和几个人一起）用身体摆出正方形（圆形、长方形、三角形）？

4　分析
（识别不同点、尝试、推测、比较、对比）
- 曼纽尔用积木摆出来的模式和你的有什么不同（相同）之处？
- 放假的时候，我们怎么知道谁的植物长得最快？
- 如果你非常高（矮）的话，你觉得这个教室看起来会有什么不一样？我们来试一下。

5　评价
（表达观点、做出判断、争辩／评论）
- 哪些材料排出来的模式会非常有意思？
- 你要在天平的两边分别放什么东西，才能让天平保持平衡？
- 什么最适合用来测量积木区地毯的长度？为什么？

6　创造
（制作、建构、设计、创作）
- 你要在你做的这本数字书的每一页上画（拍摄、粘贴）什么？
- 角色游戏区的婴儿床太小了，放不下这个洋娃娃，怎样才能做一个能放得下这个洋娃娃的床呢？你准备怎么设计？
- 你想用这些积木摆出怎样的形状（图形）呢？

工程能对思维产生刺激作用。孩子容易感到厌烦,他们必须要跑出去,做东西、拆东西、修东西,把双手弄得脏兮兮的。如果学校能提供这样的机会,则会成就一位终身的工程师。

——布鲁斯·迪金森(Bruce Dickinson),《铁娘子乐队布鲁斯·迪金森的航空壮志》(Iron Maiden's Bruce Dickinson on His Airline Ambitions),接受英国广播公司新闻频道拉塞尔·霍顿(Russell Hotten)的专访

第四章　科学区的创客空间

梅甘·金（Megan King）

达肖恩、凯莉和艾弗里是班里几个三四岁大的幼儿，他们在翻一本讲热气球的书。

达肖恩： 金夫人，为什么气球里一定要装热气呢？

金夫人： 我也不知道。我在想我们怎样才能找到答案。

达肖恩（想了一会儿）**：** 要不我们把气球里面换成冷空气试试看。

金夫人： 我们可以设计一个实验来试一下。

达肖恩、凯莉和艾弗里走到科学区的创客空间，开始进行关于实验设计的头脑风暴。几分钟后，这几名幼儿拿着画好的"冷"气球设计，回去找金夫人。

金夫人： 请跟我介绍一下你们的实验设计吧。

达肖恩： 我往气球里放冰块，然后气球就往下跑了，因为热气球才能往上跑。

凯莉： 我的气球里装满了水，是凉水，气球也往下跑。

艾弗里： 我想往我的气球里装雪，但是现在没有下雪。

你可能会反问，三四岁的幼儿真的能自己进行这样的探究活动吗？如果教师能重新定义教室中的科学活动，并且提供能够激发幼儿深入思考的材料，丰富他们的经历，那么毋庸置疑，幼儿是能够做到的。有一些幼儿和他们的老师不经常使用"实验""理论"这样的复杂词汇，但是如果在幼儿的活动中频繁地使用富有挑战性的词汇和短语，这些表达就会自然融入他们的词汇。试一下这种方法，你一定会赞叹不已！因为我所在的班级中的幼儿得到了教师的支持，获得了机会来进行实验、寻找问题的答案，所以他们很轻松地就能投入到提出假设、头脑风暴、操作实验和问题解决的过程中。

在幼儿园，教师往往容易过分关注"魔法秀"式的科学，例如，把苏打粉和醋混合在一起，产生火山喷发一样的效果，然后让幼儿把刚才看到的景象描述一遍。虽然幼儿在观看的过程中感到不可思议，但是这种类型的活动真的能提高他们的探究能力吗？虽然这类活动也存在某些有效性，但是教师在此戛然而止了，这便是问题所在。教师测试了幼儿的回忆能力，但是他们没有鼓励幼儿自行提出问题、进行创造、验证想法、切实地思考他们体验到了什么。

怎样才能形成这样的班级氛围，即让幼儿受到鼓舞，从而深入思考、提出问题？关键是要重新明确你对于科学的定义。

着手实施

回想一下，幼儿园教室里的科学区通常是什么样的。你最有可能发现什么物品？各种各样的贝壳、树叶、石头、磁力棒、放大镜、植物、鱼缸，等等。这些基本的材料通常构成了你所理解的科学区，但是这些物品能真正让幼儿思考周围的世界并提出问题吗？

虽然在学年开始的时候，幼儿对这些物品充满了兴趣，但是到了11月前后，幼儿就结束了对这些物品的探索，在期待新的材料了。随着幼儿对这些材料的兴趣逐渐淡去，他们的批判性思维、问题解决、预测、得出结论等能力的锻炼也在逐渐减弱。结果，科学区成了教室里最少被幼儿光顾的区域之一（详见第十一章，关于把自然科学作为户外学习的一部分）。幼儿需要培养必要的技能来进行理解、应用、分析、评价和创造，但前提条件是，教师要提供机会来激发幼儿的好奇心，让学习深入，而不仅是进行机械的记忆。如果想让幼儿达到会思考、回答问题甚至自主提出高水平问题这个目标，教师需要投放更多的开放性材料，这样的材料能激发幼儿的好奇心和探索欲。

一种方法就是把科学区改造成创客空间。创客运动最早发端于科技领域，后来逐渐波及教育领域，彻底改革了教师对学生能做什么、能学什么的思维方式。在创客空间，大家聚集到一起，共同努力完成一项工作。创客空间的主要目的是提供机会进行创造，即使用共享资源进行创造。你可能在你住处的附近或者在学校图书馆看到过创客空间，里面有高科技物品，也有低技术

含量的东西，如艺术作品、计算机编码程序、缝纫机、桌锯等。这一概念经过调整后，也同样能运用在学前教育领域。教师仅需要在创客空间增添一些材料，但要确保这些材料对幼儿的创造力、想象力、探索欲、探究欲有促进作用，同时教师需要帮助幼儿养成思考"我们能创造什么"的习惯。例如，在教室里用旧的或者损坏的录像机和录音机来代替高科技产品，幼儿通过自行探索、摆弄，获得必要的技能来了解世界并提出问题；用碎布和钝针来代替缝纫机，让幼儿有机会解决问题，制作出新衣服。这些物品以及教师提出的对幼儿的应用、评价、创造、冒险有激发作用的问题和教师做出的评论，将促使幼儿最终掌握必不可少的高水平思维技能——这项技能将有助于幼儿在日新月异的世界中茁壮成长。

创客空间是近些年来在幼儿园最与时俱进的新事物之一。先进的技术在不断发展，21世纪的必备技能已经进入教育的前沿阵地，教师需要帮助幼儿为变化莫测的未来做好准备。在科学区增添创客空间，能为幼儿提供亲身体验、动手操作的机会，他们在这个过程中解决问题、进行实验、创造新事物等，并把抽象的科学概念变得更为具体。

你可能会提出这样的疑问——"对幼儿来说，什么样的材料有可能做到这一点？在哪儿能找到这样的材料呢？"好消息是大多数材料已经存在于教室中，其余材料则很容易就能获得。教师在设置区域的时候，要考虑到在创客空间中应该以安全和发展适宜性的方式来促进幼儿的学习。这些材料包括大号的玻璃弹珠、乐高积木、积木片、电路探索玩具、制造简单机器的物品、儿童适用的真实工具、试管、小电机和迷你机器人。这些材料能促进幼儿解决问题、进行实验、提出假设、验证想法，并创造性地使用常见的资源。以上列举出的仅仅是这类材料的一部分。

支持幼儿的学习

在幼儿操作这些材料的过程中，教师拥有丰富的机会来建构他们的知识、向他们提问，以及鼓励他们自行提出问题。如果幼儿能操作此类开放性材料，那么他们会受到挑战，这会促使他们尝试解决所遇到的问题。在探索的过程中，向幼儿提出问题，能支持他们抽象思维的发展。幼儿在用塑料管、连接头、木制积木和玻璃弹珠搭建弹珠跑道的过程中可能会遇到问题，这时教师可以提出合适的问题："你觉得弹珠为什么不往下跑？"幼儿可能回答不出这样的问题，但是你可以引导他们去思考，面对这种情况时该怎样应对。经过适当的互动，幼儿很快就能做好准备应答此类问题，甚至开始自主向同伴提问。

教师还能基于幼儿对材料的操作方法或者幼儿在游戏中遇到的问题来生成教学内容。例如，几名幼儿在操作一份简单的机器建造材料包，他们反复试验其中的杠杆。教师对此观察后，设计了一个用杠杆弹射棉花球的小组活动。幼儿拿到了大小不同的塑料杯、木片、瓶盖、胶带、胶水、橡皮筋，以及单元积木、柱形积木和斜坡积木，并用上述材料尝试搭建杠杆，让棉花球弹射得尽可能远。幼儿在对各种角度、高度和重量进行实验的时候，教师会提出不同水平的问题以支持他们的学习。教师提出的问题包括：你们正在使用什么材料？是怎样使用

相 关 绘 本

If I Built a House, by Chris Van Dusen
The Most Magnificent Thing, by Ashley Spires
Robots, Robots Everywhere!, by Sue Fliess
The Three Little Pigs: An Architectural Tale, by Steven Guarnaccia
Violet the Pilot, by Steve Breen

这些材料的？用手投掷棉花球和用杠杆弹射棉花球有什么不同？棉花球被抛出去后的飞行轨迹是什么样的？为什么你们觉得用杠杆能把棉花球弹射得更远？你们在积木区会怎样使用杠杆？等等。

教师没有必要在短时间内就对科学区改头换面。在开始阶段，可以考虑投放现成的材料以及从"一元店"中淘来的便宜的物品。较为完备的材料箱可包含螺丝刀、螺丝钉、弹簧、螺母、螺栓、胶带（强力胶带、绝缘胶带）、锤子、钉子、麻线、砂纸、木块、胶水、橡皮筋、纸盒、卷尺、尺子、电线、空塑料瓶、瓶盖和石头。渐渐地，科学区就会变成引人入胜的创客空间！

运用提问拓展幼儿的思维和学习

1　记忆
（识别、命名、点数、重复、回忆）
- 你在使用什么材料？
- 你用几块积木搭起来的？
- 哪个螺丝钉比你用的这个要长（短）？

2　理解
（描述、讨论、解释、总结）
- 跟我说说你是怎样用这些木板的。
- 你把玻璃弹珠丢进去会怎么样？
- 你怎样修这个手电筒呢？

3　应用
（解释原因、表演、建立联系）
- 你还在哪里见过这种液体？
- 用手演示给我看看，如果这个管子是横着放的，而不是竖着放的，玻璃弹珠会怎么样？
- 你觉得植物的叶子为什么会变成棕色呢？

4　分析
（识别不同点、尝试、推测、比较、对比）
- 把水和油倒在一起会怎么样？
- 在这个实验中，使用哪种材料的效果更好？
- 为什么给机器人装上5号电池比纽扣电池电力更强？

5　评价
（表达观点、做出判断、争辩/评论）
- 为什么玻璃弹珠卡住了？
- 机器能（不能）正常使用的原因是什么？
- 要拧紧机器上的螺丝钉，最好用什么工具？

6　创造
（制作、建构、设计、创作）
- 怎样制作一个完整的电路？
- 你要给机器人设定什么样的指令？
- 如果让你解释热气球的制作过程，你会怎么写（画）步骤？

> 学前儿童需要通过书写来帮助他们掌握更多的阅读技能,他们也需要通过阅读来帮助他们掌握更多的书写技能。同样,听和说也是相长的。
>
> ——凯瑟琳·A. 罗斯克,詹姆斯·F. 克里斯蒂和唐纳德·J. 里奇杰斯(Kathleen A. Roskos, James F. Christie, & Donald J. Richgels),《说、读、写:提供给幼儿园的策略》(Reading, Writing, and Talking: Strategies for Preschool Classrooms),引自《幼儿园中的语言和读写学习》(*Learning About Language and Literacy in Preschool*)

第五章　书写区

凯瑟琳·惠伦（Kathleen Whalen）

在城区一所幼儿园的中班教室里，两名幼儿——亚伯拉罕和布丽尔正在美术桌旁对色彩和光线进行探索。他们在烤盘中分别把蓝色、黑色和白色的蛋彩颜料混合在一起，创造出深浅不一、多种色调的蓝色。

亚伯拉罕惊呼道："我有这么多不一样的蓝色。"

"我也是，"布丽尔回答道，"我也有好多各种各样的蓝色。我把蓝色颜料和白色、黑色颜料混合在一起，现在每种颜色都不一样。有些颜色越来越深，越来越深。"

他们的老师，凯西姆先生在幼儿旁边坐下来，观察幼儿解决问题的过程。然后他评论道："我注意到你们俩创造出了各种深浅不一的蓝色。你们刚才是怎么做到的呢？"两名幼儿迫不及待地想说清楚他们创造的过程。

凯西姆先生若有所思道："你们创造出这么多深浅不一的蓝色，这让我想起放在艺术区的潘通色卡。我在想你们能不能像潘通色卡那样，给创造出来的这些蓝色都起个名字呢。"

"是呀！"布丽尔说，"我们看过潘通色卡，里面有很多颜色的名称。"她快步走到艺术区，找到刚才凯西姆先生提到的潘通色卡。布丽尔翻开潘通色卡，老师指着不同色彩下方的文字。

"还记得我们在晨间谈话的时候读过它吗？里面有许多颜色的名称。你们觉得为什么要把这些不同的名称都写下来呢？"凯西姆先生问道。

亚伯拉罕回答说："这样大家都能知道这些是很特别的颜色。"

"这个颜色是我调出来的，"布丽尔指着她创造出来的颜色说，

"这个叫老爸蓝,因为这个颜色最深。"

"这个叫婴儿蓝,因为只有一点点蓝色。"亚伯拉军说。

"你们可以把这些名称都写下来,"凯西姆先生提议,"这样大家就都能知道这些特殊颜色的名称了。"

两名幼儿花了20分钟,把他们所创造出来的蓝色在不同的纸片上分别涂成点状,并且在凯西姆先生的协助下一一写下名称。在区域活动快结束的时候,凯西姆先生还特别肯定了幼儿的努力,他鼓励这两名幼儿和同伴们分享他们写的东西,并说一说为什么要把名称写下来。

教师能够并且应该让幼儿在各个区域中都有书写的机会,而不是只在书写区书写。如果教师能和幼儿一起探讨书写的重要性,并将书写融入教室里一些有意义的活动中,那么幼儿会备受鼓舞,并且更有可能带着目标和意愿来书写。在此基础之上,教师再提出高水平问题,会提高幼儿对活动的参与度。

虽然教室里处处都要有书写的机会,但是如果在教室中设置一块特定的书写区,在其中配备多种多样的书写用具、纸张、订书机、回形针等用品,那么就为幼儿根据不同的意愿进行书写提供了机会。他们可以写贺卡,可以给家庭成员和同伴们留言,还可以写故事。在精心布置的书写区中,各种材料都随手可得,这有益于教师向幼儿提出高水平问题。

着手实施

教学要有充分的准备和明确的目标,教师可以提前把要问的具体问题写下来——这些问题可以是针对特定的探究活动的,也可以是适用多种场景的一般性问题。教师在思考这些问题的同时,要把准备培养的关键性技能列出来,写在便条或者小卡片上,并在不干扰幼儿的情况下将其贴在教学计划上或者贴在书写区。教师所提的问题要与这些关键性技能相呼应。此外,还有一些问题可能是在观察中突然生发出的,也可能是在与幼儿互动的过程中生成的。这些有教学价值的时机能够也应该被充分利用来鹰架幼儿的学习。同样,教师还可以通过客观描述自己所观察到的幼儿行为来陈述幼儿的作品,

进而提出开放式的问题或发表意见，从而鹰架幼儿的学习。

接下来，教师在与幼儿一对一的互动中要设定个性化目标，至少要提出一个问题或者进行一次观察。同时，这也是教师对自己与小组幼儿互动过程或自己与个别幼儿互动过程进行反思的好时机。虽然在小组活动中提出高水平问题至关重要，但是教师针对幼儿提出个性化的问题，更能洞悉他们的思维水平。此外，教师还要设计一份记录表，把自己与个别幼儿互动的情况记录下来，这将有助于教师精心规划自己的时间，并能确保与每名幼儿都有同等的互动时间。

教师在准备提问的同时，可以为每名幼儿创建一个存放幼儿的涂鸦和书写作品、口述内容、书写作品的照片等的文件夹。教师可以经常提醒幼儿这个文件夹的存在，并且鼓励幼儿把他们最喜欢的作品放进来，这样做使得幼儿有机会回顾他们的书写经历。教师可以在这个文件夹的内页上将与幼儿单独互动的过程记录下来，同时还可以将所提的问题和幼儿的回答记录下来。除此之外，这个部分还适合记录教师今后准备提出的问题。随着这一学年的推进，这些文件夹会不断得到更新，成为鲜活的班级幼儿成长档案。

支持幼儿的学习

对于幼儿来说，书写意味着涂鸦、写字和口述的结合。当幼儿开始在纸上写或画符号的时候，教师要鼓励他们。处于书写体验初期的幼儿正在学习表达他们的想法，努力理解书面文字的作用和特征。还有一点很关键，即教师提出问题或者同幼儿谈论他们的书写作品时，一定要与幼儿平视。

在与小组幼儿互动或与个别幼儿互动的过程中，教师要观察幼儿并收集信息。教师所收集到的信息越多，就越能支持幼儿的学习，所提出的问题也将更切合幼儿个体的发展水平。教师要以多种形式把幼儿在书写区的语言和行为或者他们在其他兴趣区中的书写行为记录下来。要做到这一点，一个方法是记录幼儿的口述内容，即原原本本地把幼儿书写时候说的话，或者把幼儿对书写内容的解释写下来；另一个方法是收集幼儿的各种书写作品。教师可能还会给幼儿的书写作品拍照，并且用一段话将幼儿的书写内容或者同幼儿讨论创作的过程记录下来。教师回顾记录的内容、反思同幼儿的互动，这些将有助于判断向幼儿提出什么类型的问题。

如前文所述，教师在提出问题之前，要根据观察，客观地描述幼儿的作品，这样会体现出教师的确对幼儿的作品感兴趣，并且是花了时间认真观察过幼儿的行为的。其实，这个做法可以在同幼儿游戏互动的过程中同步进行。例如，你可能会这样说："我看到你刚才在写，要和吉夫斯去加利福尼亚州。请跟我说一说你俩接下来要干什么。"像这样简单的话语既肯定了幼儿的行为，又能鼓励幼儿拓展思维。教师有必要掌握如何围绕幼儿的作品展开讨论这一技巧，如此一来，教师就能提供更加准确的反馈，提出更具体的问题了。

> **相 关 绘 本**
>
> *Dog Loves Drawing*[1]，by Louise Yates
> *The Line*，by Paula Bossio
> *A Line Can Be*，by Laura Ljungkvist
> *Lines That Wiggle*，by Candace Whiteman, illustrated by Steve Wilson
> *A Squiggly Story*，by Andrew Larsen, illustrated by Mike Lowery

---

[1] 中文版《爱画画的小狗》，彭懿译，宁波出版社，2015年出版。——译者注

运用提问拓展幼儿的思维和学习

1　记忆
（识别、命名、点数、重复、回忆）

- 你写了哪些字母？
- 你写诗（信、故事）的时候用到了哪些素材？
- 你使用的是哪种线条？

2　理解
（描述、讨论、解释、总结）

- 请跟我说说你写（画）的东西。
- 你是从哪儿开始的？是在哪儿结束的？
- 你为什么在你的画旁边写了这个字母？

3　应用
（解释原因、表演、建立联系）

- 你为什么写或者画＿＿＿＿＿＿？
- 你感觉这篇文章写得如何？为什么？
- 请给我们演示一下，饭店的服务员是怎样把写在纸上的当日特价菜读给顾客听的。

4　分析
（识别不同点、尝试、推测、比较、对比）

- 上次写完那个关于狗的故事之后，你有没有做过修改？
- 谢谢你把你的绘画思路告诉我！我已经在纸上这一角记下来了。如果其他人看你的画，你觉得这些文字会起到什么作用？
- 如果你握着蜡笔用力在纸上写字，会怎么样？如果你握着蜡笔轻轻地在纸上写字，会怎么样？你觉得哪种方法更方便？

5　评价
（表达观点、做出判断、争辩／评论）

- 为什么你最喜欢这张书写作品？
- 如果要把一张一张的纸合在一起做一本书，你觉得用书写区里的什么工具最合适？为什么？
- 这些不同类型的花体字母都能用计算机打出来。它们的字体各不相同。你最喜欢哪种字体？为什么？

6　创造
（制作、建构、设计、创作）

- 如果要把家庭旅行中的故事做成一本书，你会怎么做？
- 我们怎样做才能邀请家庭成员到美术馆参观？
- 你要给你新开的比萨店设计什么样的菜单？

因此,问题就像是走廊或者透镜,学习者由此能更好地发现并探索蕴藏在背后的关键概念、主题、理论、事件和问题。

——杰伊·麦克泰格和格兰特·威金斯(Jay McTighe & Grant Wiggins),
《基本问题:打开学生的理解之门》(Essential Questions: Opening Doors to Student Understanding)

第六章 艺术区

特里亚达·萨马拉斯（Triada Samaras）

里瓦斯夫人是本地一所社区学校的艺术顾问，她正和一群幼儿坐在一堆可回收材料前。她微笑着同每位幼儿热情地打招呼。这些幼儿中有一些是双语学习者，他们目不转睛地注视着里瓦斯夫人的一举一动。

里瓦斯夫人拿起一张皱巴巴的铝箔纸，用手指小心翼翼地捏着。"你们知道这是什么材料吗？"她问道。"你们以前见过吗？知道它是做什么用的吗？"

"铝箔纸！我在厨房里见过！"路易斯大声喊道。

马特奥强调道："我早晨用这个包金枪鱼三明治！"

其他幼儿点头表示同意。

"在过圣诞节时，我在圣诞树上看到过！"阿拉贝拉回答说。"很漂亮！"

"哇！"里瓦斯夫人补充道："铝箔纸的用处真是多，我在想我们能用铝箔纸做什么呢？"

她给每位幼儿发了一张铝箔纸。马特奥拿到之后用手掌搓成了卷状，阿拉贝拉则将铝箔纸绕在了食指上。

路易斯用手指轻轻地捏着铝箔纸，仔细观察在顶灯照射下铝箔纸闪烁着的微光。"我可以把铝箔纸贴在墙上，这样就像天空中的星星。"

幼儿探索着手里的铝箔纸，彼此兴奋地交流着，里瓦斯夫人则观察着他们。她知道这个班里的老师刚介绍过有关发明创造的内容，所以她准备下周带一本讲机器人的书来。里瓦斯夫人计划在和幼儿讲这本书的时候，提出一系列高水平问题，以便引导他们将所了解的发明创造同她新介绍的艺术材料关联起来。

幼儿园中的艺术创作远远不止在艺术区中操作橡皮泥或者蛋彩颜料这么简单。教师还要在教室中创设丰富的体验机会，让艺术渗透到各个兴趣区，促进幼儿高水平思维的发展。要做到这些，教师需要事先做好计划和想好创意，并且反思与幼儿共同进行艺术创作的经历（Mufson & Strasser, 2016）。艺术创作中最理想的材料是幼儿喜爱的那些材料，最理想的活动是允许幼儿根据自己的灵感来操作这些材料。

探索是幼儿接触新材料时必不可少的步骤。在教师介绍主题或者向幼儿提出有关操作材料的方式之前，所有的幼儿都需要有时间来自由探索和尝试使用这些材料。在这个阶段，教师可以这样提议——"你手里拿的这张纸亮闪闪的"或者"注意看，你把手指戳进黏土里会怎么样"。教师要先观察幼儿是如何与这些艺术材料进行互动的，然后再判断向幼儿引出某一具体主题的时机和方式。由此一来，教师可以促进幼儿进一步探索。以那张亮闪闪的纸为例，教师经过初步的观察之后问幼儿："你们以前见到的这种纸都是做什么用的？你们觉得怎么样？"如果想让幼儿继续探索黏土，教师可以问："这些玩黏土的工具你们最喜欢哪个？为什么？"

适宜幼儿的主题或话题往往来源于幼儿，通常包括家庭、邻里、动物、交通工具以及发明创造等。然而，教师不必局限于这些主题本身。教师要学习版画制作、调色、拼贴画等艺术创作的手法，以便为幼儿拓展技能提供机会。在根据主题或话题计划艺术创作的活动时，教师要拓宽思路、灵活应对、接纳幼儿的想法并支持他们对艺术材料的多样化使用。这是艺术创作的常见过程，也是支持幼儿创造性思维发展的重要途径。

> **幼儿从艺术中学到了什么**
>
> 世界知名的艺术教育家埃利奥特·艾斯纳（Elliot Eisner）设计了一些培养高水平思维的课程，幼儿能在艺术创作的过程中自然习得（Eisner, 2004）。
> - 每个问题没有唯一的答案。
> - 每个人的世界观不尽相同。
> - 艺术是无声的自我表达。
> - 有时，微小的改变能带来巨大的变化。
> - 体验艺术品的创作过程能让幼儿产生情绪上的反应。

着手实施

教师要准备多种多样的、幼儿能够自主拿取和归还的开放性材料。这些材料包括蜡笔、马克笔、纸张（不同大小、不同颜色、不同形状）、蛋彩颜料、黏土、橡皮泥、绳子、印章、印台、碎布、毛线、可回收材料和自然材料。开放性的艺术体验应该包括木工活、壁画、印刷、写生、版画等。幼儿要有机会接触真正的黏土和橡皮泥。同时，教师要为幼儿提供各种各样的用具，如剪刀、胶带、打孔机、订书机、曲头钉、胶水、不易破损的镜子、放大镜、刷子等，为幼儿创造性的、个性化的艺术创作做好准备。

除此之外，教师还要准备好红色、黄色、蓝色、黑色和白色颜料，放在像瓶盖这类又小又浅的容器里。你可以请幼儿将不同颜色的颜料取少量，放在调色盘（如纸盘）上，这样颜色混合在一起，就会产生新的色调。教师要为幼儿准备好小海绵和水杯，这样幼儿在混合颜料的时候能及时清洗刷子。你可以用铅笔或蜡笔在夹板的纸上示范，来告诉幼儿素描的含义和做法。你可以挑选教室中的一件物品（一把椅子）或户外的一件物品（一棵树），然后用手里的铅笔或蜡笔以简单的线条在纸上勾勒出物品的基本形态。这之后，当你带领幼儿在学校附近散步或者在户外进行游戏时，你要时刻准备好夹板和铅笔，让幼儿以素描的方式把他们感兴趣的鸟、树、汽车或者天际线画下来。

你可以向幼儿介绍一些著名的艺术家和他们的代表作品，研习和比较他

们的作品的不同风格和创作技巧，其中包括现实主义流派［查克·克罗斯（Chuck Close）］、印象派［克劳德·莫尼特（Claude Monet）］、抽象派［瓦西里·坎丁斯基（Wassily Kandinsky）］、超现实主义流派［萨尔瓦多·戴利（Salvador Dalí）］以及波普艺术流派［安迪·沃霍尔（Andy Warhol）］等在内的艺术家。

支持幼儿的探索和学习

教师要借助精心准备的提问策略，来支持幼儿的艺术性、创造性和批判性思维技能的发展。教师可以在艺术活动之前、活动过程中和活动之后提问。教师同幼儿坐在用于开展艺术活动的桌子前讨论即将开始的活动时，所提的问题要能够激发幼儿的积极性；在操作材料的过程中，要围绕幼儿探索材料、话题或主题的方式开展提问；幼儿操作结束后，他们可以以小组或大组的形式在一起互相研讨作品，教师可以参与，也可以不参与。教师不必总是赞叹"真漂亮啊"或者"我很喜欢你画的画"。教师可以说："这两种颜色组合在一起让我感觉很舒服，让我想起了……"或者说："我能看得出，你投入了很多精力，从这些细节中能看出，你一直在专心致志地雕刻。"教师要关注每个幼儿与众不同的创作，并根据他们的作品和创作过程提出具体的问题。

在创作之前可以提出以下问题：

» 你准备在你的作品中怎样运用这种材料？
» 哪些材料和这种材料一起用会很有意思？
» 你准备用哪些颜色（形状、模式、线条）表现你的作品？
» 你打算用这种材料做什么？

在创作过程中可以提出以下问题：

» 你是怎样画出这些波浪线（不同颜色的形状）的？
» 你能用手在空中比画出这个形状吗？
» 如何利用废旧材料做出形状、质地不同的作品？

在创作之后可以提出以下问题：

» 你最喜欢这件作品的哪一部分？为什么？

» 你用了哪些特征（线条、形状、颜色）？你在哪里见过这些特征？
» 你是怎么把这件作品造得这么高的？又是怎样让它保持平衡的？
» 你是怎么构思这件艺术作品的？
» 你对这件艺术作品有什么感受？

艺术创作是开放性材料和工具创造性组合在一起的产物，这期间离不开成人的鼓励。如果教师能将艺术元素、设计原则和高水平问题有机地结合到一起，那么幼儿就能在独一无二、纷繁复杂的艺术作品创作过程中发展创造性思维的能力！

相 关 绘 本

Harold and the Purple Crayon[1], by Crockett Johnson
Matthew's Dream[2], by Leo Lionni
Papa's Mechanical Fish, by Candace Fleming, illustrated by Boris Kulikov
Press Here, by Hervé Tullet
What Do You Do With an Idea?[3], by Kobi Yamada, illustrated by Mae Besom

---

[1] 中文版《阿罗有支彩色笔》，孙晓娜译，接力出版社，2004年出版。——译者注
[2] 中文版《玛修的梦》，阿甲译，南海出版公司，2010年出版。——译者注
[3] 中文版《有了想法你怎么做》，张恩泽译，北京科学技术出版社，2015年出版。——译者注

运用提问拓展幼儿的思维和学习

1 记忆
（识别、命名、点数、重复、回忆）
- 你印的是什么形状？
- 拼贴画套盒里都有什么形状？
- 你画的画用了哪些颜色？

2 理解
（描述、讨论、解释、总结）
- 请你说一说这个材料看起来（摸起来）怎么样。
- 你是怎么用红色、黄色、蓝色、黑色和白色颜料调出紫色的？
- 你是怎样把所有这些形状都放在雕塑上的呢？

3 应用
（解释原因、表演、建立联系）
- 你在哪种建筑里可能会见到这种材料？
- 如果你可以住在这个建筑物的某一个地方，那么你想住在哪儿？为什么？
- 你能发出和我压碎这个东西时一模一样的声音吗？

4 分析
（识别不同点、尝试、推测、比较、对比）
- 面巾纸和你用的美工纸有哪些相同之处？有哪些不同之处？
- 如果你的雕塑再高（矮）一点，你觉得会怎么样？
- 贝拉和查利，比较一下你们各自画的自己家人的画，怎么样？

5 评价
（表达观点、做出判断、争辩/评论）
- 你最不喜欢这个作品的哪一部分？为什么？
- 你对你的壁画最满意的是哪一部分？为什么？
- 凡·高（Van Gogh）、毕加索（Picasso）和波洛克（Pollock）这几位著名的艺术家谁的创作风格最有意思？为什么？

6 创造
（制作、建构、设计、创作）
- 你想为《关于我的一切》（*All About Me*）这本书的封面创作哪种类型的艺术作品？
- 你准备如何制作你的家庭成员的拼贴画呢？
- 这幅壁画是有关我们的家庭成员的，我们可以给它起个什么名字呢？

第二部分

在一日常规的其他环节中使用问题

班会为每个人创造了安全的环境。(班会)能将一组幼儿变成一个真正的学习者共同体。

——艾米莉·万斯（Emily Vance），《班会：幼儿共同解决问题》(修订版)
(Class Meetings: Young Children Solving Problems Together, Revised Edition)

第七章 班会

今天轮到赫米娅摇响铃铛，来召集大家开班会。她知道自己应该唱着"现在到地毯上来，现在到地毯上来"，让小朋友们集合，但是她感觉有些害羞，于是就让她的朋友马里卢兹来帮忙。他们一边咯咯地笑着，一边唱起来。

小朋友们陆陆续续来到地毯上，这时，赫米娅不再唱歌，她模仿麦库姆斯夫人用积极的语言来描述其他幼儿的表现："拉内，谢谢你这么快就把积木区收拾好了。乔纳，我看到你刚才在帮特雷文系鞋带，你做得很不错！"

大家都在地毯上坐好后，赫米娅告诉麦库姆斯夫人大家都准备好了，可以开始班会了。麦库姆斯夫人对赫米娅在大家集合过程中进行的评论给予了肯定，并且提到，她为乔纳帮助特雷文系鞋带这件事情感到非常欣慰。接下来，作为活动的召集人，赫米娅将选出一首歌曲来开始班会。她根据互动白板上的图片提示，选择了《今天是星期一》这首歌曲。她按了一下提示键，歌词便在屏幕上显示出来。唱完歌后，赫米娅数了一下在场的幼儿人数，并在白板上缺勤的学生姓名旁边做了"×"标志。

麦库姆斯夫人问道："小朋友们有特别的事情要和大家分享吗？"幼儿们都知道，此时他们可以讨论一些学校里发生的、令人兴奋的事情，也可以讨论一些悲伤的或者让他们感到担心的事情，还可以探讨他们遇到的问题或者观察到的事情。

杜尼娅开心地大喊道："马里卢兹说，她喜欢我用乐高搭起来的作品！"

"我第一次一个人把这个 50 块的拼图拼起来了！"詹姆斯大喊道。

特雷文举起手，说："乔纳不让我和他在书写区共同制作关于动物医院的书。"

"你没能和乔纳一起制作这本书，我猜你现在一定很不开心。"麦库姆斯夫人回应说。她引导幼儿独立思考、结对讨论、相互交流，如果遇到一个人想独立完成工作，但是另一个人想合作完成工作的情况该怎样处理。两三分钟后，她让幼儿们谈谈自己的想法。幼儿们纷纷说："有时候我就想独自写东西，所以另外一个人应该在自己的纸上写。""也许乔纳对什么东西非常着迷。""特雷文可以来帮我用积木搭动物医院。"麦库姆斯夫人问特雷文，如果以后出现这种情况，他是否愿意尝试一下刚才大家提到的这些方法。特雷文点头说："好，那我就自己画幅画，然后把这张画夹到做好的书里。"

麦库姆斯夫人和大家浏览了一下这天的一日流程，然后赫米娅选择了《大家再见，真的再见》（Goodbye Everybody, Yes Indeed）这首歌来结束班会。麦库姆斯夫人对大家为这个充满关爱的集体所做出的分享和帮助表达了感谢。赫米娅一个接一个地询问大家，每名幼儿逐一选择了当天早上要去玩的兴趣区。

开班会可以起到多种作用。教师可以将一组幼儿集合起来，进行一些日常活动，如告知幼儿事情；可以给幼儿提供一些信息，如消防演习时要做什么；或者回顾近期他们学到的一些内容。这类讨论有些是围绕低水平问题展开的，如"火警警报响起的时候你应该怎么办"或者"12 的下一个数字是多少"。幼儿还可以在班会时解决问题，开展创造性的协作活动。在开班会时使用高水平问题能促进幼儿集体观念的培养，支持他们的社会性和情感的发展，提升他们的学习和读写技能。

着手实施

教师要根据发展适宜性原则，确定幼儿开班会的时间长度。对于小班和中班幼儿来说，学年开始的时候，班会通常时长为 5 分钟，然后根据幼儿的发展水平和个体需要，逐渐地可以延长到 15 分钟；对于大班幼儿来说，如果他们都能参与进来，那么班会时间则可以稍长，但是也不应超过20分钟。要想判断班会时间是否过长，最好的办法是从幼儿身上寻找答案。如果教师在同幼儿讨论班级幼儿存在的共性问题，或者讨论像欺凌这样的严肃问题，那么就要意识到，只有通过大量的、反复的讨论，才能帮助幼儿厘清问题，找到可能的解决方式。

幼儿绝不应该被迫参与到班会中。与同龄人相比，有些幼儿需要更长的时间，才能适应在集体环境中从容不迫地说话和聆听，特别是当大家围聚在一起解决问题时。在这类幼儿做好准备加入集体活动之前，教师应当允许他们安静地做其他的事情（例如，拼拼图或者画画）。有时候，这个阶段需要持续一周或两周。即便幼儿没有和大家坐在一

> **给予幼儿倾诉问题的空间**
>
> 当幼儿被邀请一起探讨问题时，要鼓励幼儿提出问题的解决方法，而不是指责、惩罚或者用负面的语言来评论其他人。教师要提出高水平问题，例如，"怎样才能让你和荷西今天都有机会使用平板电脑？""如果你没有从荷西手里把平板电脑抢过来，那么你觉得事情会有什么不一样呢？我们来角色扮演一下，看看用什么方法可以解决。"要记住，"并不是所有的问题都需要解决。有时，幼儿只是需要描述一下发生的事情，以便让自己的感受得到认可。幼儿需要让别人听到他们的心声"（Vance，2014）。

起,但是他们仍然能听到并且思考其他人在说什么。

尽管高水平问题必不可少,但积极的聆听策略也极其关键。教师要专心致志地聆听幼儿的表述、让幼儿自在地分享、反思幼儿所说的话、对他们的评论进行总结。麦库姆斯夫人对特雷文和乔纳在书写区所产生的问题的回应,恰恰满足了上述要求。

班会是一天中最特别、最令人受益的一段时光。教师和幼儿组成彼此关爱的共同体,一起探索高水平思维。

支持幼儿的学习

班会应该遵循一套相对固定的流程,包括开始、认可、解决问题和结束(Vance,2014)。在这套流程中,教师可以设置属于自己班级的常规活动或传统活动,让班会环节与众不同,以吸引幼儿积极参与。班会应在每天的同一时间进行,开始和结束之前要有一个常规活动,这样幼儿就能知道接下来要做什么。在麦库姆斯夫人的班级中,每位幼儿都有机会召集大家开班会。麦库姆斯夫人使用唱歌的方法开始和结束班会,其他教师可能会用诗歌、手指游戏或者简单的大肌肉活动[例如,跟着《头、肩膀、膝盖和脚趾》(Head, Shoulder, Knees and Toes)这首歌做动作]进行这两个环节。班会的开始部分要让幼儿按照自己的节奏参与进来,班会的结束部分要让幼儿带着谢幕的感觉结束活动,这样他们就不会感觉总是受教师的支配。

一开始,认可部分可以是教师针对在教室中所观察到的具体的、积极的行为进行评论。教师可以举例来表现幼儿的分享、合作和互敬互爱的精神。教师不要使用笼统的表扬("埃琳娜今天表现得很好""弗里夏克在午饭时间表现得很不错"),而要描述出幼儿具体做的事情,例如:"有人把埃琳娜的拼图碰倒时,她知道用语言来表达想法。""弗里夏克帮忙把洒出来的果汁都擦干净了。"

如果班级的社交氛围积极且愉快,那么大家就能开诚布公地讨论出现的问题,而不用相互指责。正如上文麦库姆斯夫人在解决问题的过程中与特雷文和乔纳一起回顾了那天他们积极的互动一样,教师要引导幼儿注意这样一个事实:即使伙伴们之间有时会发生摩擦,但是他们仍旧是这个集体的一部分,每个人都应该被接纳。

不需要太长时间，幼儿就能开始分享对彼此的认可。教师在让幼儿反思他们正在经历的积极的事情这一过程中，高水平问题的作用就会显现出来。随着幼儿对他们所目睹的这些积极的社交行为展开分析和评价，他们逐渐意识到变化的出现（"马龙在分享他的蜡笔"）或者学会表达自己的观点（"阿伦发现要等很久才能轮到他用工作台，但是他并没有哭"）。

解决问题通常是班会的主要环节。有时，问题是教师注意到的，比如，两名幼儿在相处的过程中产生了冲突、有人被欺负了或者材料没有收拾到位；有时，幼儿可能会分享一些个人的事情，比如，家里有人生病了或者对兄弟姐妹心存不满。如果没有人要分享事情，那么教师可以利用这段时间，通过提问来了解幼儿的社会性和情感的发展。教师提的问题要有助于幼儿思考最近发生的变化，要和他们正在经历的事情息息相关。例如，"你注意到我们是用什么方式和小朋友们友好相处的？""怎样才能让小朋友们在故事时间都有机会坐在前面呢？"这个时间段也可以用来进行头脑风暴，探讨一些即将开展的班集体活动或者即将发生的事件，例如，怎样在院子里开辟一块蔬菜乐园、怎样决定该在班级里养哪些宠物、怎样把大家去动物医院学到的东西同学校里的其他人分享。不论班会环节的内容是什么，教师都要思考如何使用问题以及评论性的语言，来鼓励幼儿深入理解"挑战""关系"和"学习"等。

相 关 绘 本

The Boy Who Wouldn't Share, by Mike Reiss, illustrated by David Catrow
Bully, by Laura Vaccaro Seeger
Hey, Little Ant, by Phillip and Hannah Hoose, illustrated by Debbie Tilley
My New Friend Is So Fun!, by Mo Willems
Sometimes I'm Bombaloo, by Rachel Vail, illustrated by Yumi Heo

运用提问拓展幼儿的思维和学习

1　记忆
（识别、命名、点数、重复、回忆）
- 今天有多少小朋友穿了蓝色的裤子？
- 今天谁没来？
- 吃完午饭后我们要做什么？

2　理解
（描述、讨论、解释、总结）
- 你觉得我们的新宠物荷兰猪在新环境里生活得怎么样？
- "用耳朵仔细听"这条班规是怎样帮助你成为合格的班级成员的？
- 你是怎样帮助亚历克莎走出低谷的？

3　应用
（解释原因、表演、建立联系）
- 盖布打不开颜料盖的时候特别烦躁，你觉得这是为什么？
- 你费了很大工夫在创客区用材料做了一个过山车，如果有人过来搞破坏，把过山车毁了，你会怎么办？
- 我们刚才说到，麦肯齐的爸爸要住院几天，她很担心。你能和大家说说你什么时候感到担心？你又是如何应对的？

4　分析
（识别不同点、尝试、推测、比较、对比）
- 回想一下我们是怎样把户外的障碍赛道布置好的。哪种方式效果很好？怎样调整才能让赛道更有挑战性或者更有趣呢？
- 怎样做才能帮助我们把积木收拾归位？
- 去过动物医院之后，我们可以怎样改进对长尾小鹦鹉的照顾方法？

5　评价
（表达观点、做出判断、争辩/评论）
- 经历过今天在操场上发生的事情后，凯拉要怎么做才能让哈珀感觉舒服点？
- 在《嗨，小蚂蚁》(Hey, Little Ant)这本书里，小男孩用脚踩着蚂蚁，你觉得这样做合适吗？为什么？
- 我们向其他班展示了我们自己做的弹弓，你觉得我们表现得怎么样？你觉得这样做有影响力吗？为什么？

6　创造
（制作、建构、设计、创作）
- 如果要让你设计一个有关校园欺凌行为的标志，你会怎样设计？这个标志要表达什么？
- 有时候我们真的很生气。我们可以在列表中写下哪些点子，以便帮助我们在需要的时候保持平静？
- 如果要把我们互相帮助的具体事情表现出来，那么我们可以在班级的墙上画什么内容？

读完故事后随即引导幼儿开展适宜的讨论,能深化幼儿在阅读故事过程中建构起来的基本认识。

——朱迪丝·A. 希克丹兹和莫莉·F. 科林斯(Judith A. Schickedanz & Molly F. Collins),
《远远不止 ABC:阅读和书写的初始阶段》
(*So Much More Than the ABCs: The Early Phases of Reading and Writing*)

第八章 大声朗读

霍莉·塞普洛卡（Holly Seplocha）

四月美妙的一天，晴空万里，白云飘飘，微风拂面，乔丹夫人准备把小班的幼儿带到户外进行大肌肉运动活动，然后进行大声朗读。运动时间结束后，乔丹夫人把幼儿集中起来，让他们围成一圈坐下来，然后躺在草地上望着天空。

"你们看到了什么？"她问道。幼儿回答："天空。""一只鸟。""太阳躲起来了。"然后，乔丹夫人让幼儿都坐起来，她拿起艾瑞·卡尔（Eric Carle）的《一片小云朵》（*Little Cloud*）读了起来。

读完故事后，她又让幼儿躺下来并说："试试看能不能在天空找到属于你的那片小云朵。那片云朵像什么呢？"有几名幼儿回答了她的问题。乔丹夫人让幼儿闭上眼睛，和她一起数到10。"现在，请睁开眼睛。你还能找到之前的那片小云朵吗？那片云朵现在又像什么呢？"

幼儿继续躺在草地上，又进行了两次这样的活动，然后才坐起来。乔丹夫人回顾了幼儿的部分回答，接着问："为什么你的那片小云朵会变来变去呢？"

"因为有很多风。"伊莉娜回答说。

"可能是小鸟飞的时候，"达恩补充道，"让风动起来了。"

乔丹夫人说："我们回到教室后，我会在艺术桌上放一张很大的和天空一样颜色的纸。如果要做出一片片小云朵，你们要用到哪些材料？"

大声朗读打开了学习之门，让幼儿有机会通过特殊的方式来感受故事的力量，体会阅读的真正意义。在大声朗读期间提出问题，能督促幼儿讨论和他们自身、和他人以及和世界相关的关键问题。教师给幼儿读故事时，要让幼儿自由思考故事中某一角色所做的选择、思考故事同他们自身的经历有什么关系、思考故事着重表达的观念或主题。在大声朗读期间提出问题，能让幼儿以有意义的形式彼此发生关联或共同探讨问题。这样，幼儿不仅会爱上书籍和阅读，而且会深入思考、站在他人的角度想问题、认真聆听。

不论是科幻题材还是现实题材，大多数绘本故事都有故事结构。教师围绕绘本故事向幼儿提问时，有必要考虑以下要素：背景（故事发生的时间和地点）、角色（故事是关于谁的）、主题（故事是讲什么的）、情节（发生了什么）和问题解决（故事是怎样结束的）。

欣赏优质的文学作品会对幼儿的阅读动机和阅读效果产生深刻的影响。如果幼儿每天坚持和其他人就所读的内容展开讨论，则极有可能在阅读和学习方面产生批判性思维。不论是读给一名幼儿听，还是读给一组幼儿或者全班幼儿听，教师都要根据优质的幼儿书籍提出有深度的问题，以鼓励幼儿进行持续地讨论，发展读写技能。在大声朗读之前、之中或之后提出问题，能促进幼儿的词汇、理解能力、语音意识以及书写概念的发展。提出更高水平的问题能帮助幼儿透彻地理解书籍所传达的意义。

着手实施

每间教室都应该留出一块安静的空间，用作图书馆或阅读区。这个区域应该摆放着各种各样的书籍，一名或多名幼儿能自主拿取阅读，要为幼儿提供能舒服地坐在长椅上读书的小靠枕，或者坐在地上读书的大靠垫。教师每给幼儿读完一本书后，都要把这本书放到图书区，这样幼儿就能有机会再看一遍。教师可以通过投放手偶玩具、与幼儿喜欢的故事有关的道具以及电子版的故事，来增加幼儿的阅读活动。

不论是给一组幼儿读书，还是给单个幼儿读书，都能为幼儿提供个别化的阅读体验。如果大声朗读有更为具体明确的目的，那么这种做法更可取。例如，一个小朋友的妈妈得了癌症，化疗之后容貌发生了些许变化，小朋友因此感到难过。这时教师可以为幼儿阅读由休·格莱德（Sue Glader）撰文、伊迪丝·布南（Edith Buenen）配图的《头发，无迹可寻》（*Nowhere Hair*）。

再如，如果班里小朋友的妈妈又生了弟弟或妹妹，教师可以给这些幼儿阅读艾兹拉·杰克·季兹（Ezra Jack Keats）写的《彼得的椅子》(Peter's Chair)。

通常，教师可以给全班幼儿一起读故事听。无论是读给单个幼儿听，还是读给班里所有的幼儿听，你都要借助优质文学作品来提出高水平问题。在阅读区，个别化阅读的发生有可能是自然而然的，相比较而言，小组式的大声朗读往往要经过计划、安排。在同幼儿分享之前，教师不仅要选择与某一主题和关键词相关的书籍，还要提前阅读。读绘本故事时，第一遍往往应该一口气读完整本书，这样幼儿才能如预期那样听到整个故事。每翻一页，幼儿都需要体验插图和文字的魔力及神奇之处。

教师手拿书籍，要让所有幼儿都能看到书里的图。教师先向幼儿介绍这本书的书名、作者和插画师，然后停顿片刻，让幼儿根据封面来预判这本书的大致内容。此外，任何对理解故事有帮助的关键信息都应该在此时分享。例如，在阅读由谢丽·达斯基·瑞科尔（Sherri Duskey Rinker）撰文、汤姆·利希藤黑尔德（Tom Lichtenheld）配图的《晚安，工地上的车》(Goodnight, Goodnight, Construction Site)这个故事时，教师可以问："你们觉得工地是什么？""你们见过工地吗？""我在想为什么要叫'工地'呢？"将幼儿置身于有意义的情境中，是让幼儿学习新词汇的最佳途径。教师简单地介绍定义并提出与新词汇相关的问题，这样做有助于幼儿扩大词汇量，有助于他们将新词汇与先前的知识和经验连接起来。这种方法同样适用于双语学习者。

支持幼儿的学习

接连数天阅读同一个故事，能帮助幼儿将思维能力从较低水平提升到较高水平。在第二遍大声朗读的时候，教师可以带领幼儿读图，也就是说，教师的问题要集中于根据插图或照片来复述故事上。故事中的图片和文字是互为补充的，教师的问题和评论性的语言要指向图片中的细节。例如，"注意看一下图中所有的帽子。它们都是帽子，但是它们又各不相同。哪些地方是不一样的呢？"这种方法同样有助于教师为幼儿介绍新的词汇，并能让幼儿根据图片来回答发生了什么事情。在阅读由凯特·麦克马伦（Kate McMullan）撰文、吉姆·麦克马伦（Jim McMullan）配图的《我很臭》（*I Stink!*）这本书时，教师可以这样问："有人知道驳船是什么吗？""驳船是做什么用的呢？""如果没有驳船，那么垃圾车能做什么呢？"从第三遍阅读开始，教师在翻到不同页的时候可以停顿片刻，向所有幼儿提出更为复杂的问题，或者根据每个幼儿的兴趣和发展水平，提出不同的问题。但是，在每次大声朗读期间，教师都要掌握好提出问题和进行评论的时间。如果讲一则故事拖得时间太长，且中间总是打断，那么很可能导致幼儿的注意力游移于故事之外。有些教师发现，把阅读期间所提的问题控制在五六个之内，这样收到的效果是比较理想的。

教师在阅读过程中提问时，可以从 1 级（记忆）问题开始，然后一直将问题提高到 4 级（分析）和 5 级（评价）。在阅读之后，教师也不要害怕把问题提高到最高一级——6 级（创造）！有些绘本恰恰要求教师在大声朗读后要提出有难度的问题。教师通过提出问题和发表评论性的语言，能支持幼儿在兴趣区中的后续活动或小组活动。这种方式能自然而然地促进幼儿高水平思维的发展，促使他们思考如何将书里学到的内容与现实生活联系起来。例如，艾瑞·卡尔对水彩颜料的使用或洛伊斯·埃勒特（Lois Ehlert）对拼贴画的运用，能让幼儿通过艺术表现活动来回应教师提出的问题。教师提出的问题还能激发幼儿的以下创造性表现。

» 在艺术区把书中的场景和角色以壁画的形式表现出来。

» 在积木区搭建出故事中的场景，或在角色游戏区重现故事场景并表演出来。
» 在数学区或科学区探索书中的一个概念。
» 去户外散步，观察、探索故事中的某些元素。
» 根据书中的设计在数学区制作图案。

教师要做的一项关键工作就是提前思考、计划好要提的问题，以促进后续创造性活动的开展，引发幼儿的多种回答。1级（记忆）问题很容易当场就提出（"这只红母鸡做了什么？""这只棕熊看到了什么？"）。2级（理解）问题比简单地回忆故事的部分内容要略有难度，需要幼儿讨论故事和角色。如果幼儿不理解故事，那么就无法实现更高水平的思维。3级（应用）问题鼓励幼儿将故事与自身生活或周围世界联系起来。

培养并鼓励幼儿回答4级（分析）问题，往往需要一定的时间，例如，"就像寄居蟹在海里装饰自己的家一样，一只狗能找到什么东西来装饰它在院子里的家？"类似韦恩图[1]或双柱图这样的结构图能用来帮助幼儿回答4级（分析）问题。5级（评价）问题适合在第三遍或第四遍大声朗读故事的时候提出，这一级问题有助于幼儿思考并解决问题。最后，6级（创造）问题能帮助幼儿进一步拓展对于故事的思考。这些不同级别的问题将大声朗读活动从思考、理解故事推向创造。

相 关 绘 本

Chicks and Salsa, by Aaron Reynolds, illustrated by Paulette Bogan
Duck! Rabbit![2], by Amy Krouse Rosenthal, illustrated by Tom Lichtenheld
Giraffes Can't Dance[3], by Giles Andreae, illustrated by Guy Parker-Rees
Stand Tall, Molly Lou Melon, by Patty Lovell, illustrated by David Catrow
We Found a Hat, by Jon Klassen

---

[1] 韦恩图（Venn diagram），由英国哲学家和数学家约翰·韦恩（John Venn，1834—1932）发明，是在不太严格的意义下用以表示集合（或类）的一种草图。——译者注
[2] 中文版《鸭子？兔子？》，漪然译，湖北美术出版社，2012年出版。——译者注
[3] 中文版《长颈鹿不会跳舞》，麦豆、兰童译，北京科学技术出版社，2012年出版。——译者注

运用提问拓展幼儿的思维和学习

1　记忆（识别、命名、点数、重复、回忆）
- 说出在熊睡觉的时候跑到山洞里来的一个动物。（Bear Snores On[1], by Karma Wilson, illustrated by Jane Chapman）
- 哪些是故事中的主要角色？（Epossumondas, by Coleen Salley, illustrated by Janet Stevens）
- 开头两页的押韵词是什么？（Brown Bear, Brown Bear, What Do You See?[2], by Bill Martin Jr., illustrated by Eric Carle）

2　理解（描述、讨论、解释、总结）
- 请把你记得的一件事情告诉我。如果要把你记得的一件事情告诉南希小姐，你会告诉她什么？（Wilfrid Gordon McDonald Partridge, by Mem Fox, illustrated by Julie Vivas）
- 请描述一件你的饰品。（Fancy Nancy, by Jane O'Connor, illustrated by Robin Preiss Glasser）
- 故事的开头（中间、结尾）发生了什么？

3　应用（解释原因、表演、建立联系）
- 请在房间里找一找和书里形状一样的东西。（Shapes, Shapes, Shapes, by Tana Hoban）
- 书里的这些蔬菜，你以前吃过哪些？（Rah, Rah, Radishes! A Vegetable Chant, by April Pulley Sayre）
- 怎样用这些道具把故事中的情节表现出来？

4　分析（识别不同点、尝试、推测、比较、对比）
- 你觉得为什么作者/插画师在这一页要这样设计字体？我们再来看一遍。（Don't Let the Pigeon Drive the Bus![3], by Mo Willems）
- 主角在故事开始的时候和结束的时候有什么不一样？为什么？（The Grouchy Ladybug, by Eric Carle）
- 这些押韵词要怎么改，才能和你要涂的身体部位的单词对应上？（I Ain't Gonna Paint No More!, by Karen Beaumont, illustrated by David Catrow）

5　评价（表达观点、做出判断、争辩/评论）
- 为什么你认为彩虹鱼可能会有那种感觉？（The Rainbow Fish[4], by Marcus Pfister）
- 你怎么知道狗和熊是朋友？（Dog and Bear: Two Friends, Three Stories, by Laura Vaccaro Seeger）
- 你觉得那个小贩知道了什么？（Caps for Sale: A Tale of a Peddler, Some Monkeys, and Their Monkey Business[5], by Esphyr Slobodkina）

6　创造（制作、建构、设计、创作）
- 你需要哪些材料来做拼贴画的背景？（In the Tall, Tall Grass, by Denise Fleming）
- 就像皮特为他的鞋子编了一首歌一样，为你喜欢的东西编一首歌。（Pete the Cat: I Love My White Shoes[6], by Eric Litwin, illustrated by James Dean）
- 你会怎样改编故事的结尾？

---

[1] 中文版《贝尔熊打呼噜》，暖房子译，云南出版集团公司晨光出版社，2015年出版。——译者注

[2] 中文版《棕色的熊、棕色的熊，你在看什么？》，李坤珊译，明天出版社，2009年出版。——译者注

[3] 中文版《别让鸽子开巴士》，阿甲译，新星出版社，2012年出版。——译者注

[4] 中文版《我是彩虹鱼》，彭毅译，接力出版社，2013年出版。——译者注

[5] 中文版《卖帽子》，王林译，明天出版社，2016年出版。——译者注

[6] 中文版《皮特猫：我爱我的脏鞋子》，彭懿、杨玲玲译，北京联合出版公司，2014年出版。——译者注

在我们被赋予的各种天资中,音乐才能是最早显现出来的。

——霍华德·加德纳(Howard Gardner),
《智力的结构:多元智能理论》(*Frames of Mind: The Theory of Multiple Intelligences*)

第九章 探索并创编音乐

十月中旬的一天,施密特先生班里的幼儿正在唱着儿歌——《公交车上的轮子》(The Wheels on the Bus)。

幼儿唱完了车门、车喇叭、汽车上的人和车灯之后,施密特先生说:"还记得吗?上个星期我们阅读了一本书,叫《公交车上的海豹》(The Seals on the Bus),小动物们在公交车上发出各种傻乎乎的声音,非常有趣。还有,在阅读《嘟嘟车上的轮子》(The Wheels on the Tuk Tuk)这本书的时候,我们了解了关于印度的一些新鲜事,并且能唱出来。这两本书的作者创编了他们自己版本的《公交车上的轮子》。如果我们要为这首歌创编自己的版本,那么应该唱哪些东西呢?"

幼儿说出了他们的一些想法,包括可以唱运动场、比萨店、南瓜农场和浴室等。施密特先生把幼儿的这些点子都在白板上列了出来,最后,他们投票评选出,要编一首和比萨店有关的歌。

"现在,如果我们还要用这个曲调来唱歌的话,要怎样来改歌词呢?"

经过长时间的讨论之后,幼儿总结出三句歌词——"揉面团的人用手捶啊捶、捶啊捶、捶啊捶""比萨店的顾客说好吃、好吃、好吃""收银台的人说,'这是找你的钱'",并且要边唱边做动作。施密特先生让班里的幼儿当天晚上回家后把这首歌唱给家里的人听,让家庭成员继续来编歌词。

施密特先生打算在这一学年中给予幼儿更多机会,让他们把家庭生活、学校生活里的经历都融入音乐创作。这样的音乐创作涉及高水平的思维、节奏、韵律和描述性的语言。

有很多儿童歌曲都被改编成了故事，例如，歌曲《我认识一位吞苍蝇的老婆婆》(I Know an Old Lady Who Swallowed a Fly) 被改编成由安妮·鲍恩（Anne Bowen）撰文、斯蒂芬·甘默尔（Stephen Gammell）配图的故事《我认识一位老教师》(I Know an Old Teacher)；歌曲《如果感到幸福》(If You're Happy and You Know It) 被改编成由金·诺曼（Kim Norman）撰文、莉莎·伍德拉夫（Liza Woodruff）配图的故事《如果下雪了，你就拍拍手》(If It's Snowy and You Know It, Clap Your Paws!)；歌曲《在草地上》(Over in the Meadow) 被改编成由玛丽安娜·伯克斯（Marianne Berkes）撰文、吉尔·迪宾（Jill Dubin）配图的故事《森林之上：过来看一眼》(Over in the Forest: Come and Take a Peek) 等，这样的例子数不胜数。

阅读这些故事，并把它们唱出来，同时比较故事和歌曲二者的特点，能支持幼儿高水平思维的发展。如果教师只是问幼儿"你更喜欢哪个版本"，这几乎无法激励幼儿将这二者联系起来，从而进行更深入的学习，因为这样的问题只需要在故事和歌曲中二选一。但是，如果你问"为什么"或"把之前的歌改编成故事的时候，你注意到有什么变化吗""如果要用这个旋律来创编我们自己的歌曲，该怎么办"，那么随着幼儿的理解、应用、分析、评价和创造，他们便会进入更深层次的学习过程。

幼儿获得音乐体验的方式取决于他们的兴趣以及个体的发展水平。但是，因为幼儿与音乐产生连接的方式是多种多样的，因此，面对处于不同发展阶段的幼儿，培养其高水平思维能力的途径也是多样化的。如果成人为幼儿提供了大量的音乐体验，并且在体验中含有启迪性的问题和评论性语言，那么幼儿就有机会学习分辨歌曲的旋律以及歌词、了解每种音乐类型背后所表达的情感、学会用语言和非语言（有时还可以通过整个身体）来进行自我表达。

着手实施

音乐能帮助幼儿放松、大笑、集中注意力、学习语言以及在彼此间分享文化、母语和家庭传统。在幼儿园中，教师除了经常使用古典歌曲之外，还可以根据发展适宜性原则，让幼儿接触不同类型的音乐（见"与幼儿共同探索的有趣的音乐类型"，获取更多点子）。教师在播放一段新的音乐给幼儿听

与幼儿共同探索的有趣的音乐类型

美国民谣：《神龙帕夫》（Puff, the Magic Dragon），由彼得、保罗和玛丽（Peter, Paul, & Mary）演唱。

对唱：《你给奶牛喂食了吗》（Did You Feed My Cow?）由埃拉·詹金斯（Ella Jenkins）演唱。

古典音乐：《动物狂欢节》（The Carnival of the Animals），由卡米尔·圣桑（Camille SaintSaëns）作曲。

说唱音乐：《我看见》（I Saw），由埃拉·詹金斯（Ella Jenkins）演唱。

雷鬼音乐：《同一种爱》（One Love），由鲍勃·马利（Bob Marley）演唱。

制作乐器的妙招

节奏棒：把两根木棍或两根木钉放在一起敲击。成人可以用一把三棱刮刀在木棒上刻出凹口，以发出不同的声音。

砂槌：把珠子或其他类似的东西塞进卷纸筒、酸奶盒或者其他类似材料中，摇晃便能发出悦耳的声音。用强力胶布封上口并对其进行装饰。

鼓：把食品包装罐用布或者塑料包裹住，用强力胶布或橡皮筋将其密封好，用木勺、木钉或带橡皮头的铅笔做鼓槌。教师可以考虑在音乐区、艺术区或科学区投放制作鼓的套装材料。在一个盒中装满各式各样的材料，鼓励幼儿用这些材料制作出鼓，然后探索所做出来的鼓能发出什么样的声音。教师可以以小组形式开展这个活动，也可以在兴趣区中与一两位幼儿开展这个活动。

的时候，要让他们先闭上眼睛。音乐结束的时候，教师要询问幼儿，他们听音乐的时候联想到了什么或者想象到了什么，要鼓励幼儿把他们对音乐的视觉、听觉甚至味觉感受说给老师听。经过一段时间的练习后，幼儿便能以极具想象力的方式来思考音乐。为了做到家园共育，教师可以让家庭成员与幼儿分享他们最喜欢的音乐。教师可以通过提问让幼儿参与到更高水平的活动中，包括比较、对比、改编、创编这些歌词、旋律。

支持幼儿的学习

有很多老旋律被填入新的歌词，因为这些旋律简单明了、朗朗上口、易于幼儿记忆。这类歌曲包括《农夫在小溪谷》（The Farmer in the Dell）、《萤火虫小小的光》（This Little Light of Mine）、《划、划、划小船》（Row, Row, Row

Your Boat）和《伦敦大桥要倒了》（London Bridge is Falling Down）等。需要注意到的是，施密特先生请幼儿自行创作歌曲之前，已经让他们接触过两种不同版本的《公交车上的轮子》。让幼儿先聆听或者学唱一首歌曲的多个版本，有助于幼儿理解歌曲的旋律、节奏和歌词。这个方法能够让幼儿把新编的歌词填入已经熟悉的音乐旋律。

为幼儿提供机会，让他们跟着音乐做肢体动作以及发出声音，有助于提高幼儿的听力和对节奏、歌词、旋律的感悟能力以及增加词汇量。教师可以通过让幼儿拍手、跳舞、使用头巾、操作手偶、演奏乐器等来拓展他们对于音乐的体验。在体验的过程中或者在体验结束之后，教师可以向幼儿提问，让他们谈一谈对于音乐的感受，或者说一说在这个过程中想到了什么。教师也可以让幼儿思考一下，究竟是音乐中的哪种元素让他们产生了这种感受或想法。例如，教师问一位正在听古典音乐的幼儿："怎样才能模仿出小提琴的声音呢？这种声音会让你想起之前听过的其他声音吗？""为什么你一听到低音鼓的声音，就要那样去跺脚呢？"

一日常规的所有环节都能将音乐融入进来。如果能在不同的环节中都用

到塞尔吉奥·普罗科菲耶夫（Sergio Prokofiev）创作的《彼得与狼》（Peter and the Wolf），那将会是一场精彩绝伦的听觉体验。这部献给儿童的交响乐创作于 1936 年，时长近 30 分钟。对于幼儿来说，好像时间长了些，但是借助这部交响乐，教师能围绕音乐，同中、大班的幼儿展开精彩的高水平对话。

  首先，教师在幼儿休息的时候介绍这首音乐，让幼儿在放松的状态下听完整首音乐。其次，在集体活动时播放音乐片段，让幼儿边听音乐，边用身体来表现。在小组时间或餐点时间，教师可以启发幼儿讨论音乐中出现的角色，在向幼儿提出更高水平问题之前，先让他们回顾一下音乐的内容，或者思考一些有关先后顺序的问题。随着幼儿对音乐越来越熟悉，教师可以问幼儿以下问题：他们最喜欢音乐中的哪些部分？他们可能会怎样修改结尾部分？故事中还可以出现哪些角色？新的角色可以用什么样的旋律来表现？等等。

相 关 绘 本

I Ain't Gonna Paint No More!, by Karen Beaumont, illustrated by David Catrow
I See a Song, by Eric Carle
Over in the Meadow, by Olive A. Wadsworth, illustrated by Ezra Jack Keats
There Was an Old Lady Who Swallowed a Fly, by Simms Taback
This Jazz Man, by Karen Ehrhardt, illustrated by R.G. Roth

运用提问拓展幼儿的思维和学习

1 记忆
（识别、命名、点数、重复、回忆）
- 《公交车上的轮子》这首歌提到了公交车的哪些部分？
- 《大农场》（Big Farm）这首歌唱到了哪些动物？
- 请回答《你给奶牛喂食了吗》这首歌里的这个问题——你是怎样挤奶的呢？

2 理解
（描述、讨论、解释、总结）
- 我们唱《莫妮卡姑姑》（La tía Mónica）这首歌的时候先（接下来、最后）唱到了身体的哪个部位？
- 请告诉我，怎样用手在鼓上发出那样的声音？
- 这首歌唱的是什么？

3 应用
（解释原因、表演、建立联系）
- 普罗科菲耶夫用长笛（双簧管、单簧管）来表现《彼得与狼》里面的鸟（鸭子、猫），你觉得怎么样？
- 在唱《在草地上》时，怎样才能一边唱一边把它演出来呢？
- 你听过的哪些歌曲用到了这种乐器？

4 分析
（识别不同点、尝试、推测、比较、对比）
- 歌曲《公交车上的轮子》和故事《嘟嘟车上的轮子》有什么相同（不同）点？
- 和《伦敦大桥倒下来》相比，我们自己编的《威廉先生班里的学生很聪明》做了哪些改动？
- 我们往沙槌里放什么东西，能让沙槌发出乐声？

5 评价
（表达观点、做出判断、争辩/评论）
- 《彼得与狼》里面你最喜欢什么动物？为什么？
- 我们这个月创编的歌曲里，你觉得哪首歌最有意思？为什么？
- 你觉得哪种音乐和这幅油画最配？教师一边展示名画一边提出这个问题。

6 创造
（制作、建构、设计、创作）
- 怎样通过油画（拼贴画）将你唱这首歌的感受表现出来呢？
- 如果我们要画一幅壁画来表现我们唱《美好的世界》（What a Wonderful World）时的感受，那么要用到哪些材料？
- 如果要用《划、划、划小船》的旋律来唱我们的学校，要怎样改编？

所有年龄段的幼儿都热爱运动,并在了解、运用和控制他们自己身体的过程中被自我赋能感深深吸引。

——弗朗西斯·卡尔森(Frances Carlson),《大肌肉运动:为什么欢腾的、激烈的、活动量大的游戏对幼儿的发展和学习至关重要》
(Big Body Play: Why Boisterous, Vigorous, and Very Physical Play is Essential to Children's Development and Learning)

第十章　大肌肉运动

罗伊斯先生班里的幼儿们在创编一种大肌肉运动游戏，在游戏中，他们要用到序数这一知识点。他们思考出动作模式并进行尝试，然后集体决定游戏的规则。罗伊斯先生在他的教学计划中纳入了诸多大肌肉运动，因为他发现让幼儿四处活动能让他们保持兴趣和专注。他还注意到，当幼儿学到的知识和某种运动活动相结合时，他们就会更加频繁地去运用学到的知识。罗伊斯先生通过快慢交替拍手来暗示大肌肉运动要开始了——因为现在是上午10点，所以他快慢交替着拍了10次手。

纳撒尼尔和费利佩从数学区拿来最后一个游戏中要用到的材料，然后冲到地毯上。

"我们来定规则。"纳撒尼尔大喊道，"最后一条规则是，必须要用英语和西班牙语来说数字！"

罗伊斯先生举起幼儿写的一张小纸片，上面写有数字"5"。他让费利佩向其他幼儿介绍一下刚才和纳撒尼尔玩的游戏是什么样的。

费利佩猛地站起来，解释道："这是我们给'5'做的排列。1！2！3！4！5！（以下用西班牙语数数字）1！2！3！4！5！"他每喊出一个数字，身体就要换一个姿势动一下。"好了，准备好了吗？现在可以问我问题了！"

纳撒尼尔笑着说："你刚才做的第四个动作是什么？"

费利佩想了一会儿，然后做出了第四个动作——双膝弯曲，幅度越来越大，直至接近坐姿。

"第五个动作是什么？"纳撒尼尔问道。

费利佩立即把身体调整成第五个动作——胳膊伸直，摆成"一"字形。两腿尽量分开，手指张开，咧嘴大笑。

"第五个！"罗伊斯先生说。"费利佩，看得出来你一直在努力地思考。你是怎样记住哪个动作是第五个的呢？这可是到目前为止，你做的动作里面数字最大的了！"

费利佩略微停顿了一下，回答说："我记得做第四个动作时，我是在地上的，做第五个动作时，我就变成了巨人，成了高高的 5[1]！"

罗伊斯先生一边专注地听着费利佩解释高水平的数学概念与大肌肉运动之间的关联，一边频频点头。

教师应欣赏并鼓励幼儿以多种方式运用身体，如跳舞、学不同动物的动作或者表演雨水从天空落下来的样子等。许多人发现，通过运动来介绍概念，不仅能支持幼儿的认知学习，而且能培养幼儿的积极行为。研究表明，幼儿在课堂学习过程中所激活的大脑区域与在激烈的体育活动（如蹦跳、投球等）中用到的大脑区域一模一样。边运动边学习有助于幼儿建立大脑中的连接，有助于幼儿巩固所学到的内容（Griss，2013）。

着手实施

如何为幼儿提供充足的大肌肉运动机会（特别是在天气恶劣的情况下），这是很多学前教育领域专业人士共同面对的挑战。幼儿的身体需要在一天中不断运动，在运动游戏中融入高水平问题能支持幼儿的学习和大肌肉发展。例如，如果教师要教幼儿"一一对应"这个概念，那么可以让他们在晨会时间站起来，每喊出一个数字就跺一下脚，然后问他们："你们每喊出一个数字后，脚要怎么样？"让幼儿把数字和动作关联起来。

在集体活动时间，教师可以向幼儿介绍一些活动，例如，模仿不同动物的动作、玩降落伞游戏、抛出并接住头巾以及做平衡运动等。教师在考虑这些活动涉及哪些运动类目标的同时，还要提出和运动相关的问题，以鼓励幼

---

[1] giving high fives，本意为击掌庆贺，此处与本段的"在地上"对应。——译者注

儿更深入地体验活动。

例如，平衡运动的主要目标是锻炼大肌肉力量以及协调性。众多的活动和任务都需要以力量训练和平衡能力为基础，例如，单脚跳、双脚跳和握笔等。教师可以向幼儿发起挑战，让他们一边变换姿势动起来，一边保持身体的平衡，同时，鼓励他们比较不同的动作所带来的感受，以及做不同姿势时用到的肌肉有什么不同。例如，教师向幼儿介绍完"平衡"这一概念之后，可以引导他们思考某一特定姿势，问他们："你在用身体的哪一部分保持平衡？""单脚站立时，你的身体会有什么感觉？"向幼儿发出挑战，让他们发现单脚站立的时候，还能用身体的其他部位来保持平衡。这种方法可以帮助幼儿更清楚地认识到，该怎样控制身体的其他部位来保持身体的直立。如果教师想延伸这个活动，则可以为幼儿提供一些物品，如豆袋、小的操作玩具或头巾等，让他们将这些物品放在不同的身体部位保持平衡。教师还可以准备大小不同的木制单元积木，让幼儿站在上面，进而比较积木的大小会对平衡产生什么影响。

支持幼儿的运动和学习

为了给幼儿提供尽可能多的大肌肉运动机会，教师可以考虑设计一个室内运动场，可以利用轻便的设备和固定的家具，同幼儿一起在教室内打造出障碍赛跑道。以下是一些建议。

» **用泡沫棒拍打气球：** 把气球挂在高度不一的天花板上或墙上，鼓励幼儿用泡沫棒来拍打气球。教师可以提问："你用力拍的时候，气球会怎么样？""你轻轻拍的时候，气球会怎么样？""对你来说，哪个气球最容易（难）拍？为什么？"

　　• **安全提示：** 为了避免发生冲突或不恰当地使用材料，应将每次活动的幼儿人数控制在2—3人。

» **"滑冰和滑雪"：** 为每名幼儿提供两个盘子或几张用纸板裁剪出来的正方形，让幼儿将其放在脚下的地毯上用来"滑冰"。或者，幼儿可以用正方形的地毯在砖地上"滑雪"（Torbert & Schneider, 1993）。教师可以提问："你的脚抬起来离开纸盘（方形纸板、方形地毯）时会怎么样？""还能怎样用脚、手、膝盖或者其他身体部位来滑冰？"

- **安全提示**：为幼儿设置挑战，要求他们在尝试的过程中不能触碰其他人。这个要求增加了活动的难度，但同时也在鼓励幼儿保持空间距离，减少冲撞。

» **走平衡木**：把长条形的木制积木排成一列，鼓励幼儿从上面走过去。教师可以规定幼儿按照某种姿势走过平衡木，这样能够增加活动的难度。教师可以提问："如果把胳膊举起来放在头顶上，而不是在身体两侧摆动，那么会对你的平衡产生什么影响？"

- **安全提示**：对于年龄较小的幼儿，可以把平衡木设置在一些稳固的物体旁边，这样幼儿可以抓着物体来保持平衡；还要确保平衡木周围没有尖锐的物品，防止幼儿摔倒后碰伤。

» **蜘蛛网**：用皱纹纸在矮柜之间高低交错，织成网状，让幼儿在其中穿梭。这个活动能锻炼幼儿的计划性、协调性和空间意识。教师可以提问："你准备怎样穿过接下来的那两排蜘蛛网？""你准备从上面跨过去，还是从下面钻过去？""哪一个区域是最难（容易）过去的？为什么？"

- **安全提示**：使用皱纹纸是为了让幼儿在出错时不受伤。如果幼儿被这个网绊倒了或者缠住了，纸带很容易就会断开。对于年龄稍大的幼儿来说，用线或绳能增加活动的难度，但是这样一来，幼儿被缠

住的时候就不容易挣脱开。因此,应将每次活动的幼儿人数控制在 2—3 人,并提高监护看管的力度。

随着幼儿越来越适应身体运动,越来越熟悉与之相关的词汇,教师要持续提问,继续使用评论性的语言,以此延伸他们的学习。要把大肌肉运动融入一日常规,让幼儿不断地动起来、学起来!

相 关 绘 本

Clap Your Hands,by Lorinda Bryan Cauley
Dance!,by Bill T. Jones
From Head to Toe,by Eric Carle
Hop, Hop, Jump!,by Lauren Thompson, illustrated by Jarrett J. Krosoczka
The Squiggle,by Carole Lexa Schaefer, illustrated by Pierr Morgan

运用提问拓展幼儿的思维和学习

1　记忆
（识别、命名、点数、重复、回忆）
- 你用手做出的这个动作是什么？
- 你跺了几次脚？
- 你头上顶着的是什么？

2　理解
（描述、讨论、解释、总结）
- 你第一次（第二次、第三次）摸到的是身体的哪一部位？
- 如果要让你假装爬树，你的手和脚会怎么动？
- 在跟着音乐大踏步时，怎样能不让你头上顶着的沙袋掉下来？

3　应用
（解释原因、表演、建立联系）
- 你还能用胳膊和腿摆出哪些字母？
- 为什么在跳之前的那一刹那膝盖会弯曲？
- 你在地毯上翻滚得真快！还能怎样翻滚？

4　分析
（识别不同点、尝试、推测、比较、对比）
- 玩具汽车和洋娃娃，哪个更容易放在头上掉不下来？为什么？
- 在随着不同的节拍挥舞头巾时，头巾的变换有什么规律吗？
- 我在想，如果你一边拍球一边跳会怎样？

5　评价
（表达观点、做出判断、争辩/评论）
- 你觉得你妹妹能像你一样单脚站稳吗？为什么能（不能）？
- 用身体动作来表演《我们要去猎熊》(We're Going on a Bear Hunt)和《我们要去猎狮子》(We're Going on a Lion Hunt)，这两个活动你更喜欢哪一个？为什么？
- 怎样改变这个障碍赛道才能避免出现现在我们遇到的这些问题？

6　创造
（制作、建构、设计、创作）
- 请用不同的跳跃方式来组合成一个模式。
- 请设计一个舞蹈来表现花在开放的过程中发生的变化。
- 请用跳跃、圆环和点数来设计一个游戏。

由于教师和幼儿在他们真正感兴趣的事情上的想法是一致的,因此,教师会全身心地投入其中。他们会专注于倾听幼儿的建议和问题、探究他们所思考的东西、提出建议并鼓励幼儿对彼此的点子做出回应。

——卡洛琳·爱德华兹,莱拉·甘第尼和乔治·福尔曼(Carolyn Edwards, Lella Gandini, & George Forman),《儿童的一百种语言:瑞吉欧·艾米利亚课程模式——深度反思》(第二版)(*The Hundred Languages of Children: The Reggio Emilia Approach——Advanced Reflections*, Second Edition)

第十一章　户外活动

休·曼丘（Sue Mankiw）

家庭看护中心幼儿班的孩子正沿着中央公园蜿蜒的小路向前走着，他们的手紧紧握着绳索上的圆环，他们的脚下踩过红色、黄色和棕色的树叶，发出窸窸窣窣的声音。这种户外冒险是他们每周的常规活动。乔先生和配班老师艾达夫人都背着鼓鼓囊囊的背包，包里装着夹板、棕色纸袋和数码相机。这些幼儿选好他们要用的用具后，争先恐后地跑过去看托德——这是一棵很大的橡树，班里的幼儿从第一天上学起就认领了这棵树。

过了几分钟，一个叫杰登的孩子大喊道："快看！坚果从托德的树枝上掉下来了！"

"那些不是坚果，是橡树的果实。乔先生，对吗？"伊莱贾问道。

这两个男孩开始往纸袋里捡橡果，这时，杰登说："快看！那个小松鼠也喜欢吃坚果。"

乔先生把他们的对话一字一句地记下来，并拍照记录下他们的探究和发现。他想起一本书——洛伊斯·埃勒特的《给你的坚果》（*Nuts to You*），然后，他匆忙记下几个准备随后问幼儿的高水平问题——你们今天去看望托德时注意到了什么？和上个星期相比，你们发现托德有什么不一样吗？橡果是坚果的一种吗？你们觉得为什么松鼠喜欢吃坚果呢？乔先生期待在小组时间一起回顾今天在公园之行中听到的幼儿们的回答。

户外空间为幼儿和教师提供了大量可供探讨的话题。乔先生设定了每周的常规活动，重点关注幼儿对托德这棵橡树的深入研究，这为后续的学习做好了铺垫。幼儿在户外活动中能增长见识，并将新习得的知识加以应用，上述公园的例子只是众多户外活动中的一例。要想发展批判性思维能力，幼儿必须从多种多样的经历和资源中获取丰富的背景知识。

着手实施

批判性思维能力的培养很大程度上依赖背景知识的积累和语言的发展，这两大因素在幼儿频繁地以发展适宜的方式与环境、材料、成人和同伴互动的过程中得以增强。因此，这很大程度上取决于教师的意图。乔先生在他的行为中就表现出了这样的意图，他还根据若干原则做出了一些判断。

为学习创造条件。乔先生知道，幼儿在遇到让他们感到兴奋的事情时，很有可能会提出高水平问题，并且做出回答。教师要有所计划，在幼儿园附近寻找一片与以往不同的、有意思的户外场地，让幼儿在相当长一段时间内可以在此探索，激发他们的好奇心。这将鼓励幼儿自主提出问题，并激励他们

户外空间和户外体验

考虑在以下户外场地进行探索：
- 运动场
- 花园
- 窗户外面
- 公园
- 动物园
- 附近街区
- 海滩
- 阳台或木质平台
- 后院

在理想的情况下，幼儿需要在很长一段时间内不受打扰地游戏，或者在安全、有趣的户外场地中四处走动。但是，并非每个学前教育机构的环境都能满足所有这些优良条件，因此教师要想办法把多种多样的户外体验带入教室，例如：
- 在教室窗户上挂一个小鸟喂食器
- 在一扇窗户前设置一个气象观测站
- 坐在阳台或木质平台上
- 冬天的时候把雪盛在沙水桌（或者盆、桶）里
- 设置科学区，投放用具供幼儿探究南瓜

即使教师能提供多种多样的户外体验，也仍然可以在幼儿回到教室后，运用这些方法来延伸幼儿的体验。

进行更为深入的探究。教师要考虑幼儿的生理需求和发展需要，所选择的地方要具有全纳性，能方便所有幼儿进入；要跟随幼儿的节奏；要鼓励幼儿积极参与到自主学习中，自主做出选择。教师带着幼儿在附近的区域中散步时，要仔细观察幼儿注意到了什么、对什么事物好奇。还有一种方法，即教师可以对幼儿透过教室窗户看到的事物进行提问，以了解他们对什么感兴趣。

准备户外探索的用具。 幼儿在拥有可以使用的科学用具（夹板、照相机、标本袋、放大镜、望远镜）的情况下，更有可能像探索者和科学家一样去探究和学习。这些用具赋予了幼儿能量，让他们在学习和探索的过程中更为严谨；这些用具可以帮助幼儿收集信息和记录信息；这些用具促进了探究式课程的形成，进而能使幼儿生发出更多有深度的问题。

要记住，幼儿跟同伴的互动与跟成人的互动同等重要。 教师要为幼儿提供机会，让他们在没有成人打扰的情况下互相交谈；仔细聆听他们的交谈内容；借助照片、文字等记录下幼儿所学到的东西（他们说了什么、做了什么）。不要指望幼儿能记住当天或之前发生的所有事情。教师要借助图片或者在探索中用到的真实物品（如装满橡果的棕色纸袋），帮助幼儿与之前的学习体验重新建立联系，并把幼儿在谈话中生发出来的问题记录下来。

让学习可视化。 将照片和幼儿所说的话（包括他们的观察和提出的问题）

制作成记录展板，把这些展板放在幼儿的视线范围内，展览较长一段时间，然后再将展板上的内容更换掉，用以展示其他作品。如此一来，教师和幼儿都可以回顾他们的学习过程。随着幼儿日渐成长，他们的批判性思维能力也会逐渐形成，能就感兴趣的话题继续展开讨论。

借助儿童文学、书面文字和网络信息资源来帮助幼儿寻找问题的答案。尽管有些信息资源对幼儿来说可能文字过多，但是上面的照片和逼真的图画足以吸引他们，这往往能引发内容更为丰富的对话，引导幼儿进行深入的探究。教师还可以邀请专家走进教室，把他们也作为一种资源。教师要鼓励幼儿提前准备好开放式问题。除此之外，教师还要做好准备，支持双语学习者以及他们的家庭。教师在与幼儿交谈或大声朗读时，尽量要把与户外活动和户外概念相关的关键词语翻译成幼儿的母语。为了加强与幼儿家庭的合作，教师在交流沟通（如电子邮件、通讯简报、给家庭的故事书、记录展板等）中要使用他们的母语。这个时候，技术也是一种有力的工具。互联网不仅可以提供丰富的可视资源，如视频、动画、照片等，帮助我们跨越语言的障碍，而且可以用于翻译单词和简单的短语。教师可以在键盘上输入检索词，帮助幼儿识别字母，以此来引导幼儿寻找相关资料的视频和图片。

支持幼儿的游戏和学习

乔先生带着幼儿在公园里看望了托德，之后他回到教室，看了看自己记下的笔记。根据幼儿在这次远足中的对话，他估摸了一下自己提出的问题的难度。乔先生决定给幼儿读一读他之前想起来的那本故事书《给你的坚果》，同时，他又写下几个和故事相关的问题。当天晚些时候，乔先生组织一小群幼儿在一起讨论他们去看望托德的这趟旅程。

为了帮助幼儿弄清楚橡果到底是不是一种坚果，乔先生选出了一些材料放在科学区的一张桌子上，包括橡果和胡桃（有几个外壳已经裂开了）；科学小工具，比如，放大镜和尺子；几本能提供相关信息的书，比如，盖尔·吉本斯（Gail Gibbons）所著的《告诉我，树：讲给孩子听的关于树的一切》(*Tell Me, Tree: All About Trees for Kids*)。为这次活动特别准备的问题已经写在了白板上：橡果是不是一种坚果？为什么是或为什么不是？之后，幼儿开始探寻和讨论胡桃与橡果的特征，他们翻阅书籍，然后把自己的姓名和问题的答案写在即时贴上，并且贴在白板上。在这个过程中，乔先生也参与了进来。

乔先生知道，幼儿在动手操作之前必须要有扎实的背景知识做基础。他已经为幼儿做好了准备，让他们能在已有知识的基础之上制作、建构、设计或创作新事物。他在书写区为幼儿准备好了空白的笔记本和带字（"托德""橡树""坚果""橡果""胡桃""松鼠""树叶"）的图画卡片。乔先生还在积木区、角色游戏区和艺术区投放了一些零散的物品，如树枝和橡果等。他观察着幼儿根据在户外学习到的新知识进行的表演，留心着幼儿的建构。与此同时，他继续仔细倾听，并把幼儿在讨论和解释作品的过程中表现出的动作和说出的新词都记录了下来。

户外活动为丰富多样的探究打开了一扇门，为水到渠成地发展批判性思维创造了条件。乔先生在做有计划的教师这条路上取得了进展，他很满意。在计划高水平问题和即时生成高水平问题方面，他每天都在进步。他对于幼儿语言和行为的记录更加详尽，目标也更为明确。除了定期记录他所提出的问题以及幼儿的回答之外，乔先生还在不断地进行反思，以进一步磨炼技巧。他所记录的资料将成为他未来教学活动的指南。

相 关 绘 本

Everybody Needs a Rock, by Byrd Baylor, illustrated by Peter Parnall

The Green Line, by Polly Farquharson

Hello Ocean/Hola Mar, by Pam Muñoz Ryan, illustrated by Mark Astrella

My Steps, by Sally Derby, illustrated by Adjoa J. Burrowes

Outside Your Window: A First Book of Nature, by Nicola Davies, illustrated by Mark Hearld

运用提问拓展幼儿的思维和学习

1　记忆
（识别、命名、点数、重复、回忆）
- 托德属于哪种类型的树？
- 我们在公园里看到了哪些动物？
- 运动场上有多少个秋千？

2　理解
（描述、讨论、解释、总结）
- 我们去洗车场的时候，你注意到了什么？
- 为什么冬天的时候每天都要往小鸟喂食器里放鸟食呢？
- 我们在户外玩的时候还可以干什么？

3　应用
（解释原因、表演、建立联系）
- 你的身体要怎样做，才能让你看起来像那棵橡树？
- 你为什么觉得松鼠喜欢吃橡果呢？
- 你以前在哪儿见过这种围栏？你觉得人们为什么需要围栏呢？

4　分析
（识别不同点、尝试、推测、比较、对比）
- 我们来看一张上个星期我们为托德拍的照片。和今天早上为托德拍的照片相比，两张照片有什么不一样？
- 有些小朋友说我们发现的是橡果，有些小朋友说我们发现的是坚果。我在想，怎样才能搞清楚这些到底是橡果还是坚果呢？
- 看，那座房子的旁边有一个商店。那家店面和那座房子有什么相同（不同）之处？

5　评价
（表达观点、做出判断、争辩/评论）
- 今天，我们了解了寄居蟹，知道了它们是怎样住在壳里来保护自己的。是不是还有其他动物也是用壳来保护自己呢？
- 你们觉得哪棵树最老（最结实、最漂亮）？为什么？
- 如果你住的那条街上只能种一种植物，你会选择种哪种植物？为什么？

6　创造
（制作、建构、设计、创作）
- 我把洛伊斯·埃勒特写的《给你的坚果》这本书，以及树形状的积木、塑料松鼠、树叶和橡果放在了积木区。这个星期，你们要用这些材料建构出什么？
- 如果要想回忆起散步时看到的所有东西，那么我们要在壁画上补充什么？
- 你要在我们做的班级图书《我们所知道的树》里补充什么？

大白米饭，豆腐鸡蛋，
青菜肉汤，喷香喷香。
我来扮个大老虎，
啊呜！啊呜！全吃光！
—— 传统儿歌

第十二章　餐点时间

克里斯蒂·德纳（Kristie Redner）

科莉塔夫人是幼儿园小班的教师。现在是一天中全班最期待的时刻之一——午餐时间！有的孩子从家里带了吃的（果汁、水、点心，甚至是丰盛的午餐），有的孩子在排队等着去享用学校提供的午餐。大家边吃边聊着天。

科莉塔夫人注意到，米卡从她带的饭盒中拿出一双筷子和一些饺子，于是她说："这是什么？看起来很好吃！"

"饺子。"米卡回答道。

另一个孩子问米卡："你为什么用木棒吃饭呢？你的叉子呢？"

"这是筷子。我用筷子把吃的夹住，就能吃到了。"米卡边回答边做动作。"就像这样。"

科莉塔夫人补充道："这是另一种吃东西的方法，这种方法也能把吃的放到嘴里。还记得前几天我们一起读的那本叫《勺子》（Spoon）的书吗？我们一会儿可以再读一遍，然后讨论一下，这些不同的就餐器具都可以用来吃哪些食物。角色游戏区里也有一些筷子，午睡起来之后，你们可以试试用筷子夹那些食物道具。"

与此同时，坐在另外一张桌子旁的达妮卡瞥见了莉塞特从家里带来的肉馅卷饼，她说："啊，我喜欢吃这个！我妈妈在家也给我吃。很好吃！"

莉塞特回答道："这是我最喜欢最喜欢最喜欢吃的。"

配班老师娜奥米对着肉馅卷饼假装咬了一口，说："真香啊！我也喜欢吃肉馅卷饼。我最喜欢在里面放鸡肉和辣酱。你喜欢吃哪一种口味？"

> 坐在这张桌子边的其他孩子纷纷讨论起来，每个人都把最喜欢吃的口味告诉了大家。配班老师娜奥米鼓励幼儿互相介绍他们最喜爱吃的食物。她发现大家对于讨论肉馅卷饼极具热情，于是，她借助这次机会向幼儿提出问题——肉馅卷饼是怎么做的，以此来延伸幼儿的学习。她做了笔记，把幼儿的回答记了下来，准备在午饭后同科莉塔夫人分享。这些对于接下来的教学活动也许会有参考价值。

对于饥肠辘辘的幼儿来说，餐点时间是一天中既兴奋又忙碌的时间段。经历了一上午忙碌的工作、创造和思考，他们对于吃午饭无比期待。这也是一个轻松的时间段，在一日常规的这个时刻，幼儿可以围绕食物、喜好和自理能力的培养（"我打不开牛奶，你能帮我一下吗？"）自然地展开对话、提出问题。此外，幼儿还能围坐在一起，讨论很多对他们来说很重要的话题。一日常规的进餐环节是拓展幼儿思维的绝佳时机，教师可以通过提出多种多样的问题或分享所观察到的内容来达到这一目标。

着手实施

幼儿在餐点时间能自然地分享家庭中与食物相关的习俗和传统。在这个时间段，他们还能独立地解决简单的问题（清理溢洒出来的汤水、搞清楚要分发多少张纸巾等）并能互相帮助。教师所提的问题要能激励幼儿想出点子和解决方法，支持他们自己的事情自己做，不断增强其自理能力，进而促进幼儿的社会性和情感的发展，提高其自我满足感。

小、中、大班的幼儿都对自己能独立完成任务感到自豪。洗手、打开食物盒、自行享用学校提供的午餐、倒掉残羹，餐点时间中这一系列完整的程序对培养幼儿的独立性极为有利。对于年幼的孩子来说，不再用手抓饭吃，而用就餐器具来吃饭，就可以算得上一个不小的进步。如果教师把话题引到人们为什么要用就餐器具来吃饭上，那么就可以打开幼儿的话匣子，让大多数的幼儿都参与到讨论中。教师可以和幼儿聊一聊哪些食物必须用手拿着吃，并和那些我们通常用就餐器具来吃的食物进行比较，这样能够加深幼儿的理解，进一步延伸讨论。与只简单地回答"是"或者"不是"的问题相比，高水平问题有助于幼儿进行更为深入的思考，增进他们对语言和认知的理解。

例如，回答"你觉得为什么我们要围在桌子边吃饭，而不是在小床上吃饭？"比回答"你喜欢吃什么？"需要更多的思考和更复杂的词汇。

一旦教师开始把餐点时间作为与幼儿深入交谈的切入点，就会发现，幼儿在讨论饮食体验、个人偏好、传统习俗时，以及在互帮互助、收拾整理、共享美食的过程中，脸上都洋溢着兴奋与激动。这是一个极佳的机会，此时教师也可以同幼儿分享自己的偏好、传统习俗以及烹饪和饮食的习惯。在餐点时间，教师与幼儿经常还会讨论其他一些话题，如家庭旅行、新宠物或者不少幼儿都看过的热门电影等。教师可以运用上述提问技巧来支持这些话题的讨论。幼儿会非常期待参与到与他们所选择的话题相关的高水平思维和学习中。

支持幼儿的语言学习

幼儿的语言发展水平各不相同，特别是在多语言环境中，这种现象更为明显。有些幼儿能流利地用一种或两种语言交谈，其他一些幼儿更多地在观察、用非语言的形式交流或者只用母语来表达。语言中存在的巨大差异，使得提出高水平问题成为一件富有挑战性的事情。然而，教师可以使用一些策略来让所有幼儿都参与到讨论中。餐点时间是幼儿进行交流对话的绝佳机会，因为食物是与每个幼儿息息相关的、具体的讨论话题。

教师可以请家长帮忙把关键的问题（例如，那些会在开放的场景中出现的问题，详见本书第170页"在餐点时间提出的问题"）翻译过来，这将为家园沟通建立一座桥梁。鼓励家长在家里提出一样的问题，并将幼儿的回答反馈给教师，这样做有助于幼儿参与到家庭活动中、与家庭成员探讨共同的话题，还能促进幼儿语言的发展。

相 关 绘 本

Bread, Bread, Bread, by Ann Morris, photographs by Ken Heyman

Green Eggs and Ham[1], by Dr. Seuss

Rah, Rah, Radishes! A Vegetable Chant, by April Pulley Sayre

Spoon, by Amy Krouse Rosenthal, illustrated by Scott Magoon

Yummy! Good Food Makes Me Strong!, by Shelley Rotner and Sheila M. Kelly

---

[1] 中文版《绿鸡蛋和火腿》，王晓颖译，中译出版社，2017年出版。——译者注

运用提问拓展幼儿的思维和学习

1　记忆
（识别、命名、点数、重复、回忆）

- 你早饭吃了什么？
- 你的家人喜欢吃什么点心？
- 你盘子里的食物是什么形状的？

2　理解
（描述、讨论、解释、总结）

- 我看到你今天带的三明治里夹了很多东西！跟我们说说都有什么吧。
- 你大部分时候都在哪儿吃饭？你经常跟谁一起吃饭？
- 请介绍一下你的家人是如何做饭的？他们都会用哪些食材来做饭？他们是怎样做饭的？

3　应用
（解释原因、表演、建立联系）

- 《面包，面包，面包》（Bread, Bread, Bread）这本书里面的哪张图能让你想起你家和你的家人？为什么？
- 你在家里是怎样坐着的？是怎样吃饭的？请演示给我们看看。在家里吃饭的时候你会聊哪些内容，会做什么事情？
- 假如你邀请朋友到家里吃晚饭，你会用什么食物招待客人呢？你的家人会做些什么呢？

4　分析
（识别不同点、尝试、推测、比较、对比）

- 昨天小组时间，我们把最爱吃的食物画了下来。你画的和你的小伙伴画的有哪些相同（不同）之处？
- 今天早上我们读了《哇，哇，小萝卜》（Rah, Rah, Radishes）这首蔬菜歌谣和《去，去，小葡萄》（Go, Go, Grapes）这首水果歌谣。你们注意到这两首歌谣有什么相同（不同）之处吗？
- 与吃饭时肚子紧挨着桌子、脚踩在地上相比，吃饭时坐得离桌子很远、脚悬空会怎么样？

5　评价
（表达观点、做出判断、争辩/评论）

- 你最喜欢吃的食物对你来说营养够吗？为什么够（不够）？
- 我们怎么做才能让吃的东西更健康（比如，用水来代替汽水）？
- 如果你随便动了小伙伴的食物，还在桌子下面踢他，那么你觉得他会有什么感受？如果你不想让他感到讨厌，那你的手和脚最好放在哪儿呢？

6　创造
（制作、建构、设计、创作）

- 如果给你一些艺术区的橡皮泥和可回收材料，你能做出这样一顿午饭吗？也许吃完午饭之后，你可以去试一试。
- 假如你在吃最喜欢的食物，突然，一个外星人从宇宙飞船上走下来，对你说："我从来没见过这种吃的。请告诉我这是什么？"这时候你会说什么？我们来根据发生的事情编个故事。
- 如果我们要给表演游戏区做一张列有我们在家里和学校吃的食物的图表，那么该怎么做？我们在哪儿能找到所有食物的照片？如果要做一份既有文字又有图片的菜单，那么该怎么做？

第三部分

在其他学习机会出现时使用问题

幼儿的生活受到各种各样关系的影响。不论生活在哪里，他们都需要得到能为他们的幸福全身心投入的成人的照护。这样的成人要发自内心地关心他们，而不是为了关心而关心。

——埃米·C.贝克和琳恩·A.曼弗雷迪/佩蒂特（Amy C. Baker & Lynn A. Manfredi/Petitt），
《关系，优质照护的根本：为早期照护机构中的成人创建社群》
（ Relationships, the Heart of Quality Care: Creating Community Among Adults in Early Care Settings ）

第十三章　入园后的前几个月支持幼儿情感的发展

克里斯蒂·德纳

现在是来园时间，孩子们陆陆续续来到幼儿园，进入各个混龄班，开始这一天的生活。昨天，安娜没有来，班里的老师——科尔巴克夫人说："你好，安娜，欢迎回到幼儿园。昨天我很想你！"

另一位幼儿——达内尔，重复着科尔巴克夫人刚才对安娜的问候，他走过去抱了抱安娜。安娜抽泣着，突然放声大哭起来，边哭边说："我要妈妈！"

几名幼儿跑过来，想看看发生了什么事情。科尔巴克夫人坐下来，把安娜抱起来放在腿上。"安娜，你看起来很难过。你想让你的好朋友们来帮你吗？这样你会感觉舒服点。"

安娜点了点头，于是，科尔巴克夫人让几个小朋友围坐过来。"安娜今天很难过，谁知道她为什么这么难过吗？"

小朋友们讨论起安娜大哭的原因——也许她想妈妈/爸爸/奶奶了；也许她把一个喜欢玩的玩具忘在家里没带来；也许她肚子疼。

科尔巴克夫人说："我觉得安娜之所以难过，是因为她想妈妈了。有时候，我也会想妈妈，也会难过。有时候感觉确实不好，是不是？"安娜点了点头，两只手搂着老师的脖子。科尔巴克夫人问其他幼儿："我们要怎么帮助安娜，才能让她感觉好一点呢？"

一个孩子跑过去递给安娜一张纸巾，让她擦眼泪。另一个孩子把安娜的香薰枕头从衣帽柜里拿出来递给她。

　　"我们去沙盘那边玩儿吧！"达内尔大声说。

　　一个孩子拿了本班级自制的瑜伽书来，给安娜看了一张照片——照片中的安娜正在做她最喜欢的瑜伽动作。

　　随后，科尔巴克夫人说："我在想，有没有人能给安娜画一张画。你可以把你感到难过的时候画下来，然后再画一画你是怎样让自己感觉好一些的。"慢慢地，安娜平静了下来，科尔巴克夫人给了她一个拥抱。"看看你的朋友多爱你呀。他们有的给你递纸巾，有的给你拿香薰枕头，有的给你画画。他们都非常关心你！"

　　安娜点了点头，笑了起来，然后她把背包挂在衣帽柜里。她已经做好准备，要开始这一天在幼儿园的生活了。

　　在入园后的前几个月中，恐惧、生气、难过、兴奋和欢喜等各种情绪会如浪潮般向幼儿涌来。许多幼儿是第一次长时间离开家人；有些幼儿可能会感到焦虑，因为他们要离开自出生以来就一直陪伴着他们的主要看护人，同其他人接触（Berk，2003）。对于幼儿来说，这些强烈的情绪会让他们无所适从，也会令教师不知所措。因此，为了保持教室里的安宁与和谐，教师有必要像案例中所描述的那样，掌握一些实用的方法来帮助幼儿应对情绪，并让他们用适宜的方式表达出来。教师可以采用多种多样的方法和高水平的提问策略，来帮助幼儿在安全的环境中反思自己的情绪。

　　幼儿在幼儿园里要不断接受新的挑战，例如，拉上外套的拉链、打开牛奶盒、搭建出一座不会在短时间内就倒塌的塔。他们在尝试、学习乃至最终获得成功的过程中会体验到一系列情绪。提出高水平问题能让师生共同探讨幼儿所体验到的种种情绪，并能更好地理解这些情绪。例如，教师可以让幼儿把感到开心的那一刻画下来，并鼓励他们说一说，是什么事情让他们感到很开心，这种方法能让幼儿具象地反思情绪、识别情绪。

着手实施

　　为了创设包容、接纳的班级氛围，为了创设让所有幼儿感到安全的氛围，第一步你要告诉幼儿，教师发自肺腑地关心他们。幼儿需要有安全感，需要感受到那些关心他们的人认可并支持他们的感受。如果幼儿能意识到自己的情绪，并且知道他们所经历的情绪是什么，那么这些年幼的学习者们就能感到他们对情绪是可控的。例如，在本章开头的案例中，科尔巴克夫人提到，安娜昨天没有来学校，她很想念安娜。让一个幼儿知道教师欢迎她来到集体中，能帮助她建立起情感发展的基础：爱和接纳。

帮助幼儿识别情绪、控制情绪的另一个益处是，他们会感到自己是这个真实的班级群体的一分子，在这里他们会感到安心、感到被关爱。当教师示范了作为班级的一分子而应表现出的善意、专注和发自肺腑的愉悦时，幼儿就会根据他们对教师的观察，学习到这些关键的社交技能。教师向幼儿提出与情绪相关的问题，能让他们注意到自己的感受和情绪，从而为幼儿更加深入细致地进行自我反思提供机会。

支持幼儿情感的发展

随着幼儿变得越来越独立，他们的自信心也会相应建立起来。随着时间

的推移，教师可以让幼儿回想一下（或者开始的时候教师先直接指明），现在在幼儿园进行的哪些日常活动是他们年龄小的时候做不到的。可以做一本属于班级的书，书名就叫《我很骄傲，因为我能做到》，把幼儿进行各种活动的照片（如写自己的名字、建构一座塔、使用计算机、在户外攀爬架攀爬或者给石头分类等）放进去。让幼儿介绍一下他们是怎样学会某项技能的、他们是如何取得有里程碑意义的进步的，让他们思考怎样帮助其他人获得这些技能。教师可以把这本书放在班级的图书区，在这一年中不断地提醒幼儿阅读这本书。幼儿会被这切实的、具体的成长记录吸引，为他们所取得的进步感到骄傲。

此外，还有一些方法可以帮助幼儿应对强烈的情绪，这些方法包括使用香薰枕头、做瑜伽和玩沙盘。香薰枕头是一种装有草药包的小布袋或枕头。幼儿选出自己喜欢的香味，把带有这种香味的草药包塞进枕头，然后将枕头放在他们的衣帽柜里。如果他们受到负面情绪的困扰，教师可以鼓励他们抱住自己的枕头，吸一吸香味。幼儿可以通过深呼吸，减缓呼吸频率，达到自我舒缓的目的。

伸展并活动身体是幼儿应对强烈情绪的另一种排解方式。在教室安静的区域中铺上一小块瑜伽垫，准备好相关的书籍，比如，《小小瑜伽：宝宝的第一本瑜伽书》（*Little Yoga: A Toddler's First Book of Yoga*）就是教幼儿瑜伽动作的一本理想用书，书里所教的瑜伽姿势和动物的动作很像（例如，树式动作很像一只摇摇晃晃的"小鸟"）。幼儿会摆出他们所喜欢的各种姿势，教师可以把这些姿势拍下来，创作出一本独一无二的、属于自己班级的瑜伽书，也可以将这些照片集中展示出来。

玩沙盘是另一种能让幼儿平静下来的有效方法。玩沙盘之前，要准备好一盘沙子、一个小耙子（可以用痒痒耙或叉子）和一些石头。教师可以让幼儿慢慢地用小耙子挪动石头，或者在沙子里画出图形。这个活动一次只能让一名幼儿参与，而且应该在教室里一个安静角落的桌子上进行。这个活动有意地让幼儿的动作变慢、幅度变小，有助于幼儿平静下来，让幼儿在集中注意力的过程中重新控制自己的情绪。

相 关 绘 本

Little Yoga: A Toddler's First Book of Yoga[1], by Rebecca Whitford, illustrated by Martina Selway

Owl Babies[2], by Martin Waddell, illustrated by Patrick Benson

The Peace Book, by Todd Parr

The Story of Ferdinand[3], by Munro Leaf, illustrated by Robert Lawson

When Sophie Gets Angry——Really, Really Angry[4]...by Molly Bang

---

[1] 中文版《小小瑜伽：宝宝的第一本瑜伽书》，钟煜译，北京联合出版公司，2016 年出版。——译者注

[2] 中文版《小猫头鹰》，林良译，明天出版社，2009 年出版。——译者注

[3] 中文版《爱花的牛》，孙敏译，21 世纪出版社，2008 年出版。——译者注

[4] 中文版《菲菲生气了》，李坤珊译，河北教育出版社，2014 年出版。——译者注

运用提问拓展幼儿的思维和学习

1　记忆
（识别、命名、点数、重复、回忆）
- 为了让身心感觉良好，我们会做一些姿势，这叫什么？
- 你要深呼吸多少次才能得到放松？我们来数一数。
- 你用耙子在沙盘里画了什么形状呢？

2　理解
（描述、讨论、解释、总结）
- 你对故事的这一部分有什么感受？
- 如果你感到难过、生气或者心烦，你会怎样让自己（或朋友）感觉好点儿？
- 刚刚在角色游戏区里发生了什么，让你这么难受？后来又发生了什么？那时候你有什么感受？

3　应用
（解释原因、表演、建立联系）
- 用手偶来表现一个幼儿感受到关爱的场景（如照护人离开了，教师拉着幼儿的手）。为了继续保持这种积极的情绪，手偶要怎么做？请幼儿表演出来。
- 请把你所经历过的这样的一个时刻告诉我，即你因为掌握了一项新本领而感到骄傲。
- 想一想，你什么时候感到内心既愉悦又平静呢？那时候你在哪儿？和谁在一起？

4　分析
（识别不同点、尝试、推测、比较、对比）
- 请表现一下生气（伤心、烦心）时的样子。请说一说你什么时候生气过。现在，请表现一下兴奋时的样子。请说一说你什么时候兴奋或激动过。你喜欢哪种情绪带来的感觉？为什么？你生气的时候身体是什么感觉？兴奋的时候呢？
- 如果坐在你旁边的朋友同你分享他的乐高积木，你会有什么感觉？如果有人不愿意和你分享乐高积木，你又会有什么不一样的感觉？
- 阅读莫莉·卞（Molly Bang）的《菲菲生气了》一书，教师展示其中的插画，让学生描述菲菲的两种极端情绪：愤怒和平静。

5　评价
（表达观点、做出判断、争辩/评论）
- 为什么孩子们来上学（离开家）的时候感到难过（愤怒、烦心）？
- 如果你看到你的朋友在操场上摔倒了，你觉得你会怎么做来让他感到安全，体会到关爱？
- 如果你因为烦心想大喊大叫或者扔东西，那么为什么不试一试做瑜伽、玩沙盘或者闻一闻香薰枕头，来让自己平静下来呢？

6　创造
（制作、建构、设计、创作）
- 请把你闻香薰枕头味道（做瑜伽、玩沙盘、吹泡泡）之前难过（生气、烦心）的感受画出来，然后再把之后的感受画出来。这两幅画是一样的吗？为什么一样（不一样）？
- 如果一个小朋友很伤心，想去一个角落一个人待一会儿，那么怎样给他设计这样的区域？这个区域应该放哪种材料？
- 我要给你拍一张你做瑜伽动作的照片，然后把这张照片放到属于班级的瑜伽书里，你想让我拍你做的哪个姿势呢？

变化不定是生活的法则。那些只回望过去或只关注当下的人注定要错失未来。

——选自约翰·K. 肯尼迪（John F. Kennedy）于1963年6月25日在德国法兰克福市圣·保罗教堂的演讲

第十四章　开启新学年之门：通过长期研究探究变化

九月，雅各布先生带着小班的孩子在学校附近进行了几次散步。之后，他们一致认为，那棵高大枫树下的草地是他们最喜欢的开展点心时间的地方。

穆斯塔法抬起头，指着茂密的树叶说："绿色的！"

雅各布先生微笑着说："是的，所有的树叶都是绿色的。秋天很快就要到了，树叶就要变成红色的了。"

穆斯塔法盯着树看，然后扭过头来看着老师，问道："红色的？"

雅各布先生决定在这一学年中让幼儿观察枫树是如何变化的，以此来帮助幼儿拓展词汇、了解不同的季节。他对着枫树拍了一张照片，然后又把这张照片打印了出来。几名幼儿围过来，看雅各布先生给这张照片标注标签"观察1：九月"，然后他按照幼儿的视线高度，把这张照片贴在长公告栏的最左边。这便开启了对枫树变化的研究。在这一年中，幼儿会在公告栏上不断增加照片。

"你们在这张照片里看到了哪些东西？"雅各布先生问这些幼儿。他意识到很多孩子的词汇量有限，再加上初入幼儿园，所以他决定以低水平问题为起点，来建构幼儿的词汇和对话技能。雅各布先生知道，随着时间的推移，班里的幼儿会从这项活动中学习到与树的颜色、大小和形状相关的描述性词汇。除此之外，幼儿会观察、比较、对比这一年中天空、草地和动物的变化。

3.5 岁的维多利亚是一名擅长口头表达的幼儿，她指着照片说："我家有棵树，地上落了五片树叶，但是是黄色的。"

她的老师立刻抓住这一具有教学价值的机会，用高水平问题来鹰架她的知识建构。"维多利亚，这棵树和你家那棵落了五片黄色树叶的树有什么不同？"

维多利亚和老师开始了一场有深度的交流和对话，讨论随着这一年的推移，这棵枫树可能会发生什么变化。

你有过这样的经历吗——在学年快结束的时候想到了一个好主意，心里暗想："要是从去年九月开始我就这样做该多好。"学年刚开始的这一阶段是在班级中启动一项长期研究的良机。以追踪长时间变化为重点的研究项目，为幼儿开展以下活动提供了机会：观察自然界、人身上和所处的环境发生的变化；将所观察到的记录下来；思考变化发生的原因；预测将来可能会发生的变化。要把这类研究项目当作科学上的纵向研究来看待！

雅各布先生和班里的幼儿在讨论这一年对枫树的研究时，可能会用到下面这些措辞：

» "我们要去看看这棵树，然后讨论一下我们看到了什么。我们要去观察这棵树。"

» "我们要把树现在的样子记录（画、拍）下来。我们要把观察到的东西以档案记录的形式保存下来，这样我们就不会忘了今天看到的情景。还可以用什么形式把我们所看到的记录下来呢？"

» "我们来想一想，在过去的几个月里我们看到了什么，这棵树一直以来是怎么变化的。我们要来思考一下我们做过的事情。这棵树与上个星期相比发生了什么变化？与九月份相比呢？"

» "这棵树发生了很大的变化！你们猜猜，下次我们来的时候，它可能会变成什么样呢？我们来预测一下会发生什么变化。"

着手实施

你所在的幼儿园附近有小河吗？在步行的距离内有建设中的新购物中心

吗？在操场上增添户外音乐、增加新的大肌肉运动、开辟菜园的计划在实施中了吗？类似这样的话题为幼儿观察、记录、反思和预测提供了多种机会，有助于幼儿开展长期的研究。教师要熟悉你所在的学校、社区和周围的自然环境，还要了解幼儿以及家长对哪些独特的体验和情境感兴趣，这有助于你想出很多点子。

教师可能会发现，有关长期研究的新想法会在你与幼儿就变化而展开的深度讨论中浮现出来。教师可以提出这样的问题，比如，"在到学校的路上，你看到的什么东西最让你感到欢喜？""我带来几张照片，讲的是一种非常简

洁的艺术——装置艺术。这有点像我们在艺术区用废旧材料做出的建构作品，但是装置艺术做出来的作品更大，而且需要在户外完成！艺术家在巨大的空间中创造出一个三维立体的作品，并不断地补充、修改这个作品。从这些照片中你能发现什么？"教师可以在集体时间或在餐桌旁与幼儿随意交谈时，运用这样的描述和问题来发起对话。

幼儿能够很好地驾驭相关主题的长期研究，这些主题如下。

» 创造室内或户外的艺术装置。
» 记录一位幼儿的弟弟或妹妹的成长过程或一个小宠物的成长过程。
» 观察一个建筑项目，如一栋楼或新的景观。
» 观察一种自然物，如一棵树或一块地。

教师在考虑该围绕什么主题来开展长期研究时，要问问自己这个主题是否满足以下条件。

» 幼儿感兴趣。
» 有机会进行持续的观察。
» 能随着时间的推移让幼儿看到明显的变化。

支持幼儿的学习

教师要在以下两种情况中做出选择：其一是更加深入地进行探究，其二是在一日活动正常进行的情况下，仍把长期研究视为一种有趣的、实用的途径，借此将高水平的互动融入课程。幼儿每次可以花好几天时间来关注一个主题，或者仅将这个主题作为背景知识。

教师能同幼儿一道创作出一条时间轴或者"变化轴"——它能够展示师幼在共同研究中发现的变化。时间轴是一种可视化的表征，从幼儿当天所观察到的内容开始记录，以线性方式向右延续。就像一日常规流程图或者班级小助手排班表一样，这条变化轴可以展示教室中长期的互动情况。幼儿可以利用这条变化轴来自主回顾、反思，或者在教师计划的其他正规学习活动中来反思。教师可以提出一些简单的问题，让幼儿参与到这项展示活动中来，例如，"到目前为止，我们拍了多少张照片？""请告诉我，在第一张照片里你发现了什么？在第二张照片里呢？"然后提高所提问题的级别，例如，"这两张照片里的树枝有什么不同？发生了什么变化？""如果我们站在树下面拍照，而不是站在树前面拍照，照片看起来可能会是什么样的？"

教师可以利用以下关于变化轴的点子，来组织和展示在长期研究活动中记录下来的资料。

» 在墙面上做一条水平的变化轴，要与幼儿视线的高度保持一致。
» 以地面为起点，向上做一条垂直的变化轴。
» 在整个活动过程中，收集幼儿的书写作品、照片和图画，并将其保存在一本厚书里或者活页夹中。
» 把照片贴在单元积木上，这样幼儿便能在积木区用这些积木建构或者排序。
» 在教室里拉一根晾衣绳，把幼儿的书写作品、照片和画的画用晾衣夹夹起来，挂在绳上。这个方法可以让幼儿在排序游戏中自行更正顺序。在用于记录的档案资料上标上数字，并打乱顺序，让幼儿根据所透露的信息或所描述的内容，把这些档案资料按照正确的顺序进行排列。

下一页的"组织实施长期研究"表提供了一些进行长期研究的想法和点子，同时还附有一些让活动顺利、有序地开展的建议。

相 关 绘 本

Do You Know Which Ones Will Grow?, by Susan A. Shea, illustrated by Tom Slaughter

How a House Is Built, by Gail Gibbons

A Leaf Can Be..., by Laura Purdie Salas, illustrated by Violeta Dabija

Road Builders, by B.G. Hennessy, illustrated by Simms Taback

When I Was Little: A Four-Year-Old's Memoir of Her Youth, by Jamie Lee Curtis, illustrated by Laura Cornell

组织实施长期研究

	艺术装置	弟弟/妹妹或小宠物研究	建筑项目	自然物的观察
征得同意	从学校行政管理者处	从幼儿的家长/监护人处	如果有必要的话，征得学校行政管理者的同意后，才离开场地	如果有必要的话，征得学校行政管理者的同意后，才离开场地
实施时间轴	每周或每月	每月或双月	每周、双周或每月	每月
档案记录	• 照片 • 讨论 • 观察记录和绘画	• 照片 • 讨论 • （对头发、体格等的）观察记录和绘画 • 身高测量（用单元积木、乐高积木或卷尺）记录表	• 照片 • 讨论 • 观察记录和绘画	• 照片 • 讨论 • 观察记录和绘画
展示思路	用树枝、布和石头在学校的场地上搭建简单的结构。	用照片、对身高的预测记录等来纵向展示身高的增长情况。	展示时要有幼儿的书写作品、照片和绘画作品。	展示时要有幼儿的书写作品、照片和绘画作品。
高水平问题	来看看这个很有意思的艺术作品！请告诉我你看到了什么。 我们怎样给这个艺术装置加点东西呢？ 如果下雨，会怎么样？ 其他班的小朋友可以怎样加入我们的艺术装置活动中？	你怎么知道迪伦的弟弟是不是长大了点呢？ 朱莉安的小猫和我们上个星期看到时相比有什么不一样？ 我们来量一量班里的小乌龟，看看十月份量过之后它又长了多少。	你看到了什么？ 我想知道，他们在建什么。 你见过的材料里有没有和我们教室里的材料很像的？ 如果下个星期我们再来看，可能会有什么不一样？	对这个花园，你了解哪些？ 我们来预测一下，这些树叶在春夏秋冬四个季节分别会有什么变化。 如果我们这一年都去公园里观察，你觉得我们会学到什么？

运用提问拓展幼儿的思维和学习

1 记忆
（识别、命名、点数、重复、回忆）
- 阿德里安娜的妹妹有几个脚趾？
- 那栋正在建的新房子是什么颜色的？
- 围栏把花园围成了什么形状？

2 理解
（描述、讨论、解释、总结）
- 请描述一下挖掘机是怎样把土挖出来的。
- 请解释一下建筑师在操场上的艺术区增添了什么，使我们得以在户外涂色。
- 我们往艺术装置上增加的第一个（第二个、最后一个）东西是什么？

3 应用
（解释原因、表演、建立联系）
- 请用肢体动作展示一下阿德里安娜的妹妹是怎样学会翻身、爬行、站立、蹒跚学步的，又是怎样学会行走的。
- 你觉得建筑师为什么要把购物中心设计成这个形状？
- 你家里或者家附近的什么事物可以用来观察？请用时间轴记录下来。

4 分析（识别不同点、尝试、推测、比较、对比）
- 请按照顺序，把花园修建前、修建时和修建完的照片排好。
- 请你先看看阿德里安娜的妹妹的这些照片，你觉得明年 2 岁的时候，她会长成什么样？到时候她会做哪些事情呢？
- 现在这栋房子和翻修之前有什么一样（不一样）的地方？

5 评价
（表达观点、做出判断、争辩/评论）
- 我们已经观察这棵枫树一年了，你觉得这棵枫树什么时候最漂亮？为什么？
- 到目前为止你看到了阿德里安娜的妹妹发生了很多变化，你觉得哪些变化是最重要的？
- 这个建筑师还会在操场上添置哪些你喜欢的东西？

6 创造（制作、建构、设计、创作）
- 请你预测一下这栋新大楼的样子，并且把它画下来（建构出来）。
- 我们可以用哪些材料把阿德里安娜的妹妹的成长和变化用壁画表现出来？我们应该在壁画上画些什么呢？
- 如果我们要做一本属于班级的书，来介绍我们所观察到的枫树的变化，那么应该怎样设计呢？

放下聚合思维，摒弃封闭的、绝对的或非对即错的答案；提倡发散性思维，鼓励开放性探索、头脑风暴、充满惊奇的讨论和提问！

——米米·布罗德斯基·切菲尔德（Mimi Brodsky Chenfeld），
《抓住教育契机：学前教育机构中的精彩故事》
(Still Teaching in the Key of Life: Joyful Stories From Early Childhood Settings)

第十五章　使用特色材料

　　幼儿在地毯上集合，准备进行晨间谈话时，加尔韦斯小姐拿出一个用铝箔纸和星星贴纸包裹着的咖啡罐。她在罐子里放了一把能够弯折的金属丝——这些金属丝颜色不同、粗细各异。她晃了晃罐子，里面的东西发出哗啦哗啦的声音。孩子们本来正在互相说笑，但是被突然发出的声音吸引，一个接一个地将注意力转移到了加尔韦斯小姐身上。

　　"那是什么？"4岁的鲁比问道，他一脸疑惑地盯着罐子。"听起来晃得很厉害，里面有很多东西的样子。"

　　加尔韦斯小姐告诉班里所有的幼儿，罐子里面装的是新的特色材料，他们会在艺术区使用这个材料一段时间。她开始让幼儿描述他们听到了什么。孩子们的眼睛立刻变得明亮起来，他们开始兴奋地猜测这种新材料是什么。

　　"听起来里面好像是石头！"

　　"像是沙槌！"

　　加尔韦斯小姐看到幼儿的兴趣变得越来越浓，于是她提出了几个高水平问题，来进一步延伸幼儿的学习。"如果我摇得更快一点，罐子会怎么样？声音会发生什么变化？你们觉得这种特色材料可能是用什么做的？"

　　5岁的坦亚说："听起来和蓬蓬球的声音不一样。"她指的是艺术区几个月以来用到的特色材料——毛绒球。

　　"真的吗？哪里不一样？"加尔韦斯小姐问道。

　　坦亚陷入沉思，思考该怎样才能把她刚才所说的这种关联性表达出来。

"因为罐子里发出的声音很吵。"鲁比说。

"是的!"坦亚大喊道:"蓬蓬球的声音不吵,声音很小。"她扭动着身体,放低嗓门,用这种方式表示蓬蓬球发出的"小"声音。

加尔韦斯小姐说:"你好像离答案又近了一步,就快要猜出这个特色材料是什么了!"

坦亚和鲁比咯咯地笑起来,两人互相击掌,班里的其他幼儿还在继续猜罐子里到底是什么东西。

好奇是幼儿的天性,教师利用这一特点,可以发挥其意想不到的强大作用。特色材料指的是教师在一段有限的时间内或在幼儿能够保持兴趣的时间内,投放于教室中的有趣物品。这种材料应该是开放性的(没有固定的用法或最终的结果),应该能通过独特的材质、形状、图案或颜色对幼儿的感官产生吸引力。教师在开放的情境中呈现新的特色材料时,会用引人入胜的方式激发幼儿的兴趣。

在某种程度上,特色材料和第四章介绍创客空间时提到的材料相似,而且幼儿自主操作这些材料的理念也与其有关联性。特色材料为幼儿提供了更多跨区域使用物品的机会。如此一来,幼儿就有能力比较每种材料多样化的可能性,并且能将同一材料用于多种不同的目的。

可被用作特色材料的物品数不胜数,以下仅为部分建议:

» 大块带花纹的布
» 不易打碎的镜子
» 各种颜色的棉花球或毛绒球
» 光滑的鹅卵石
» 粗细各异、能弯折的金属丝(用胶带纸把锋利的边缘都包上)
» 铝箔纸
» 各种形状的晶体和棱柱体

着手实施

教师在介绍材料时和在区域活动时间,可以考虑以教室中的新材料为话题展开讨论,并将不同水平的问题融入与幼儿的互动中。在介绍新材料时,教师可以将材料装入纸袋中,请幼儿传递纸袋,让他们摇一摇纸袋,触摸一下。或者,还可以像加尔韦斯小姐那样先自己拿着摆弄摆弄。教师可以先提出低水平的问题,比如,"你看(听)到了什么?""还有什么和你摇纸袋里的东西时发出的声音是一样的?"然后,教师可以提出"你觉得这个特色材料可能是用什么做成的?""为什么?""我们怎样能进一步判断出这个特色材料是什么?"之类的问题,来支持幼儿更高水平思维的发展。

要记住的一点是,3—6岁幼儿在第一次面对教师抛出的最高水平问题时可能无从回答。随着教师在一日常规中不断地提出各种各样的问题,幼儿进行复杂思维的能力会与日俱增。教师需要付出时间和耐心来帮助幼儿仔细思考、回答出高水平问题。作为教师,要经常鹰架幼儿,让他们从具象思维发展到抽象思维,并支持他们对表达性语言的使用。所有这一切都建立在动手操作式学习和对有趣材料的真实体验这一基础之上。

支持幼儿的探索和学习

教师可以首先用这种方法,即在各个兴趣区投放特色材料,向幼儿提出一系列相关问题。例如,教师可以在角色游戏区投放光滑的鹅卵石、在积木区投放大量带花纹的织布、在艺术区投放铝箔纸、在探索区投放各种颜色的小块瓷砖。教师介绍完一件新材料后,幼儿要有充分的机会探索材料的各种特性,然后,教师可以请幼儿说一说他们注意到了什么,如:"你摸一摸那块布,看看有什么感觉?""你对这些石头有什么发现?"刚开始的时候以级别1(记忆)和级别2(理解)的问题为宜,随着幼儿理解能力的提高,教师要逐渐增加问题的难度。如果幼儿对于材料的尺寸、形状或颜色发表了意见,那么教师要围绕这些特质提出更深入的问题,如:"这个材料是什么形状的?""这些里面哪个最大(最小)?"然后,进一步提出更复杂的问题,如:"如果在这儿放一根能弯折的金属丝,而不是这个木块,你觉得会怎么样?""你觉得怎样调换这些塑料泡沫的位置,才能让这个造型变得不一样?"

　　如果幼儿已经在一个兴趣区中对一件材料进行了充分的探索，那么教师就可以改变这件材料在教室里的位置，把它放到不同的兴趣区中，鼓励幼儿思考材料的不同操作方法。教师甚至可以问幼儿，他们还能在教室中的哪些地方用这件材料、怎样使用这件材料。教师要把观察到的幼儿对这件材料的所有操作方法、材料使用频率最高的地方记录下来，还要比较材料在不同区域中的使用方法有什么相同点或不同点。例如，当教师在幼儿园混龄班的窗户旁边投放了几块不易打碎的镜子时，幼儿会走过去把镜子举起来对着光线，观察镜子的角度是怎样影响光线在房间中的反射路径的。同样的几块镜子投放在书写区中时，幼儿起先对镜子的使用是持怀疑态度的。但是，当幼儿尝试用可擦记号笔在镜子上写字之后，他们就会纷纷讨论，在镜子上写出来的字、画出来的形状和在纸上写出来的字、画出来的形状有什么不同。教师可以用简单的发问——"它们看起来有什么不一样？"，来鼓励幼儿根据活动的初步观察展开进一步思考。当幼儿盯着镜子，在镜子上画自己的头像时，教师可以提出启发式的问题："如果把镜子里的人像移开，你写的和画的东西会有什么不同？"一旦幼儿对熟悉的材料产生新的认识，教师就能向他们提出高水平问题了。

如果幼儿发现某些事物不符合他们先前的认知,他们就会觉得这些事物充满神秘色彩,这会让他们兴奋不已。这样的情况有助于幼儿想出新的方法来思考材料或概念。例如,当幼儿在艺术区中发现了棉花球时,他们可能会像成人那样拿起棉花球在脸上轻轻触碰。但是,如果棉花球是和颜料或墨汁放在一起用作拓印的,而且教师也让幼儿去探索如何把这些材料组合在一起使用,那么幼儿就会重新认识棉花球在这种新情境下的可能用法。

为了进一步扩展这种方法,教师可以与其他班级交换材料。教师可以把挑选出来的材料送给其他班级,并且说:"我们在探索这件材料所有不同的用法,想让你们帮我们完成这个任务。你们可以把你们想到的和用到的方法都写下来。"教师也可以说:"我们想把这件材料所有不同的作用都比较一下,我们想让你们也加入这项研究。你们能将班里小朋友的使用方法都记录下来吗?"以此来引出更高水平的词汇。

虽然在教室中配备充足的材料是为 3—6 岁的幼儿创设发展适宜性环境的必要前提,但是记住这一点很重要,即意义不存在于材料之中,而来自头脑。每一种使用方法多样、能启迪思维的特色材料都为教师向幼儿提出高水平问题、与幼儿展开交谈提供了无限的机会。如果教师从有趣的材料入手,那么就要用能激发幼儿好奇心的方式来介绍这些材料,这会让幼儿一直沉浸其中,持续学习。

相 关 绘 本

Hannah's Collections, by Marthe Jocelyn
Not a Box, by Antoinette Portis
Not a Stick, by Antoinette Portis
Regards to the Man in the Moon, by Ezra Jack Keats
Roxaboxen, by Alice McLerran, illustrated by Barbara Cooney

运用提问拓展幼儿的思维和学习

1　记忆
（识别、命名、点数、重复、回忆）
- 这是什么材料？
- 你有几根金属丝？
- 这些石头是什么颜色的？

2　理解
（描述、讨论、解释、总结）
- 请告诉我，你是怎样用铝箔纸做出这个形状的、你先（接下来）做了什么。
- 请你描述一下，这个棱柱体摸起来是什么感觉。
- 镜子放在艺术区时，你是怎样使用它的？

3　应用
（解释原因、表演、建立联系）
- 这些长一些的金属丝还有什么其他用途呢？
- 为什么你觉得没办法把这块天鹅绒布贴在拼贴画上？
- 你还在哪儿见过这种棱柱体？

4　分析
（识别不同点、尝试、推测、比较、对比）
- 这几块布放在角色游戏区的用法和之前放在艺术区的用法有何不同？
- 你把石头放在沙水桌里后，石头发生了什么变化？
- 这些棱柱体和晶体有什么相同（不同）之处？

5　评价
（表达观点、做出判断、争辩/评论）
- 在艺术区中你最喜欢用哪种布？为什么？
- 你最喜欢怎样用这个铝箔纸？为什么？
- 这个金属丝要怎样才能更牢固地黏在橡皮泥上？

6　创造
（制作、建构、设计、创作）
- 我看到你今天在探索区玩计数熊。我想知道，你是否能用这些长金属丝做出一个东西，来把一部分小熊装进去。
- 你能用这些彩色的棉花球做出什么东西？这样我们可以把它挂在天花板上或者贴在墙上。
- 我们把石头在教室里的所有不同玩法写成一个故事吧。

向自己（幼儿）提问："还有呢？"不管你在做什么、在想什么或者在计划什么，问自己"还有呢"会让你的大脑运转起来。还有什么要补充到这个点子中？我们还能结合什么？还要联系什么？

——米米·布罗德斯基·切菲尔德，《抓住教育契机：学前教育机构中的精彩故事》
(Still Teaching in the Key of Life: Joyful Stories From Early Childhood Settings)

第十六章　连续多天的探索

霍奇夫人在小组所用的桌子上摆满了可回收物品和"废旧物品"——空塑料水瓶和瓶盖、不同大小的纸箱、金属衣架、旧梳子、扑克筹码、卷纸筒、吸管和正方形布块。在她的小组中，幼儿年龄在4—5岁，且能力各不相同，此刻他们都在忙着创作3D立体艺术作品。今天是连续多天探索的第二天，幼儿都忙着在昨天创作的基础之上继续努力工作。

霍奇夫人的目光转向她的右手边，她说道："斯西亚，看起来你在你的作品上下了不少功夫。昨天，你告诉我你在做一辆房车。今天，我看到你把车轮加上了。还有哪些地方有变化呢？"

斯西亚看着她的作品，想了想，然后，她指着作品前端用胶带黏上去的几个绒球，说："我把灯放在了前面。"

在桌子的另一侧，琪姆和杰克逊正在并肩工作。琪姆指着自己作品顶上伸出来的一根吸管，然后又指着杰克逊作品一侧黏着的一根吸管说："这两件作品的这一部分看起来是一样的。"霍奇夫人注意到琪姆在观察作品，这提醒她可以去问琪姆，让琪姆找找这两件作品还有哪些地方是相似的。

这时，莱克茜拍了拍霍奇夫人的肩膀，说："你还记得我曾试着把罐子都挂在绳子上，这样罐子互相碰撞会发出叮叮当当的声音，就像我们把风铃挂在操场上那样吗？现在，我做到啦！我用了爸爸从办公室给我拿回的胶带。一开始罐子不像我想的那样挂在绳子上掉不下来，后来我让爸爸帮我想办法，解决了这个问题。"

后来，霍奇夫人把游戏区中的手机换了一个，这样，幼儿就能比较两个不同的手机所发出的声音了。霍奇夫人向幼儿提出了几个引导性问题，来帮助幼儿思考其原因。她不知道这是否可以作为手机主题课程的开始。

持续数天的小组活动为幼儿提供了机会，让他们能参与创造性过程的全部环节，即计划、创造和反思。在精心设计课程框架后，教师可以把幼儿感兴趣的、与幼儿相关的主题分成几个小模块，为深度学习创造条件。

着手实施

有些材料特别适宜在连续多天的小组探索活动中使用，这些材料如下。

» **可回收物品和"废旧物品"**：卷纸筒、空的抽纸纸盒、瓶盖、塑料泡沫片、吸管。

» **橡皮泥和自然材料**：小树枝、树叶、小石头、薰衣草花枝、桉木、松果和种子荚。

» **木工材料**：小木块、方形地毯、家具布、墙纸样品、马赛克瓷砖、铺在地面上的软木屑、亚克力塑料片、小木钉、各种用来装饰的木头。

教师要提供多种多样能用于连接的物品，让幼儿在建构的时候能把一个材料固定在另一个材料上，这样的物品包括胶带（绝缘带、遮蔽胶带、纸胶带）、订书机、订书钉、胶水、装订夹和小脚钉。"拆分类"的工具也是在计划一项连续多天的探索活动时要考虑的重要物品，这类工具包括儿童安全剪刀、打孔器和塑料小刀等。如果教师给幼儿的家长发送一则短消息，请家长捐赠物品，那么会收集到许多令你惊喜的材料。教师要举例说明所需材料的种类，并解释清楚收集这些材料的原因，还要查一查学校所在的社区中有无物品回收再利用中心。这类中心会提供通过企业捐赠和个人捐赠而获得的平价回收材料，如美术用品、纸张、布料和大件物品等，教师可以在艺术活动、创客空间的活动及其他富有创造性的活动中使用这些回收材料。

"一日活动指南及所提问题"这个表格举例说明了在连续三天的探索活动中，教师每天能做什么。

连续多天的探索能让幼儿观察到一段时间以来发生的变化，有助于他们调整思路和所创作的作品，还能让幼儿反思整个变化过程和他们的想法。在幼儿计划、创作和反思的过程中，教师向他们提出问题，这不失为支持幼儿思维和学习的一种好方法！

支持幼儿的探索和学习

提供新的或熟悉的材料，鼓励幼儿探索这些材料可能的用法（更多与使用新材料有关的内容，参见第十五章，以及第四章关于在创客空间中使用和探索材料的内容），这是向具象思维者介绍抽象思维方式的一种方法。教师不要害怕使用如"建构作品""装置""发明创造"等复杂的词汇。这些词汇的运用不仅能扩展幼儿的词汇量，而且能让幼儿因为听到有人用高级词汇描述他们的作品而兴奋不已。

利用数天的时间完成一件作品，这得以让教师和幼儿放慢速度，并能在整个探究过程的不同阶段就他们所做的事情展开讨论。如果教师能按照"一日活动指南及所提问题"表中的做法去做，那么幼儿会积极开动脑筋，想出更多富有创意的点子。他们会想出问题的解决方法、会同家人分享他们在做的事情、会调整或改进他们的计划，以便让抽象的事情变得更为具体。在活动的第一天，在作品真正建构的过程中，在第二天、第三天以及作品完成后，教师都要提出合适的问题，以支持幼儿探索材料、做出计划。教师在通过提出问题来引导活动的方向时，要先从基本的问题开始，再慢慢引向复杂的问题，如此一来，教师便能支持幼儿的创造性和高水平思维的发展。

一日活动指南及所提问题

	活动指南	所提问题
第一天	• 介绍材料,与幼儿一起探索材料的实际用途和可能用途。 • 准备一个托盘或一块硬纸板作为放材料的底板。一边同幼儿交谈,一边鼓励他们观察、操作材料,对材料进行分类。 • 拍一张幼儿操作材料之前的照片。	• "这是什么材料?"(级别1) • "请介绍一下你所选的这些材料。"(级别2) • "你为什么挑出了这件材料来制作作品?"(级别3) • "你为什么觉得这个胶带能把这两片塑料牢固地粘贴在一起?"(级别5)
第二天	• 如果幼儿前一天的作品(建构作品、发明创造、装置)已经初步成形,那么教师就将其拿出来发给大家。(如果幼儿前一天的作品没有做好,那么教师就再把材料拿出来。) • (可选步骤)如果合适的话,让幼儿通过观察把作品的现有状态画下来。教师同幼儿讨论他们所画的画,鼓励幼儿互相讨论。 • 讨论一下他们想做出什么样的调整。 • 给每名幼儿发一个塑料袋,让他们到艺术区去取他们完成作品需要用到的材料。教师可以跟着幼儿,提醒他们到艺术区的任务是什么。教师把幼儿的塑料袋收回来,放在小组时间要用到的筐子里,留待第二天使用。	• "和昨天相比,你的作品有什么不一样?"(级别4) • "把这些材料组合在一起的时候,最难的一步是什么?"(级别5) • "你说你想给飞机上加一些座椅。你用这些材料能设计出哪种座椅?"(级别6) • "明天你想补充或者调整哪一部分?"(级别6)
第三天	• 把正在创作中的作品,连同昨天准备好的塑料袋和其他美术用品一起发给幼儿。 • 提醒幼儿回忆昨天所做的计划、继续在探索的过程中提出问题。 • 鼓励幼儿提出问题,并相互解决所遇到的和材料有关的问题。 • 给作品贴上详细的标签,在小组时间结束的时候拍一张作品完成之后的照片。	• "你朋友的作品和你的作品有什么相同(不同)之处?"(级别4) • "你还想用其他什么材料来对作品进行补充?"(级别5) • "如果让你完全从头开始,这次你会使用哪些不同的做法?"(级别5) • "我们来写一个故事,描述一下你在这几天是怎样进行创作的。"(级别6) • "请向你的朋友们提一个与他们的作品有关的问题。"(如果幼儿对提问题这个概念不熟悉的话,教师就要先给出建议。)(级别6)

（续表）

	活动指南	所提问题
跟进与反思	• 与幼儿回顾他们在第一天、第二天和第三天中做出的调整，讨论整个过程是如何发生变化的。 • 为本次探究过程设计制作一块记录展板，将每名幼儿操作前和完成后的照片、口述记录以及观察性绘画都展示出来。 • 在教室中和幼儿一起边浏览展板边观察交流，回顾所展示的作品。	• "和刚开始时比，你的作品看起来有什么不一样？"（级别4） • "其他小朋友是如何使用你用到的这些材料的？用法和你一样还是不一样？"（级别4） • "你从你操作的材料中学到了什么？"（级别5）

扩充词汇量

不要说……	而要说……
"今天，我们要做……"	"今天是我们这次探索的第一天！"
"你做了什么？"	"请跟我介绍一下你的作品（建构作品、装置）的这部分吧。"
"你做好了吗？"	"今晚，请想一想明天你会在作品中添加什么或者打算如何调整作品。"
"这部分不起作用，你要这样来调整一下。"	"如果你想让这部分按照设计的那样发挥作用，你会怎么办？"

相 关 绘 本

Balancing Act, by Ellen Stoll Walsh
Cubes, Cones, Cylinders, & Spheres, by Tana Hoban
Dreaming Up: A Celebration of Building, by Christy Hall
Perfect Square, by Michael Hall
What Do Wheels Do All Day?, by April Jones Prince, illustrated by Giles Laroche

第十六章 连续多天的探索

运用提问拓展幼儿的思维和学习

1 记忆
（识别、命名、点数、重复、回忆）
- 你在创作作品时用了什么颜色？
- 你用了多少个瓶盖？
- 这是什么材料？

2 理解
（描述、讨论、解释、总结）
- 你觉得这个纸盒（罐子、圆纸筒）是从哪儿来的？
- 你是怎样把这些松果和薰衣草花枝粘贴到作品上的？
- 请你说一说，为了创作出这个作品，你把抽纸盒变成了哪些形状。

3 应用
（解释原因、表演、建立联系）
- 请解释一下，你为什么决定只用树叶和树枝来创作作品。
- 你觉得别人会用你创作的这个作品来做什么？
- 如果要把这件作品摆在家里，你会放在哪儿？为什么选择放在那个位置？

4 分析
（识别不同点、尝试、推测、比较、对比）
- 从昨天开始，你的作品有了哪些变化？
- 你和你朋友使用树枝和枝叶的方法有什么相同（不同）之处？
- 怎样调整才能让管道和瓷砖都按你想的那样黏在一起？

5 评价
（表达观点、做出判断、争辩/评论）
- 你觉得你的作品怎么样？
- 这是你想要的吗？或者，你还有其他更好的方法来调整一下吗？
- 你最喜欢这件作品的哪一部分？你在创作作品的过程中最满意的是什么？

6 创造
（制作、建构、设计、创作）
- 我们来为你的作品起个名字，然后根据作品来编一个虚构的小故事。你想为你的作品起个什么名字？
- 如果要在记录展板上给你的作品写个图片说明，你想写什么（可以告诉我，我来写）？
- 如果要设计一样东西来把你的作品固定在柜子上——这样作品就不会掉下来，你的朋友们也不会碰到它，那么你会怎样来设计？

将我们割裂开的真正原因不是差异,而是没有能力承认、接纳这些差异,并为之欢呼雀跃。

——安达·罗德(Audre Lorde),
《死亡就在我们身后:诗集》(*Our Dead Behind Us: Poems*)

第十七章　支持幼儿对于多样性的理解

拉尼塔·切鲁乌（Ranita Cheruvu）

塔莉娅夫人所带的大班孩子正在焦急地等待着客人们来参观他们的家庭传统展览。这些孩子一直以来都在了解彼此的家庭背景、语言和传统，他们围绕这些内容举办了一次展览。孩子们非常兴奋，在一起说说笑笑。教室里摆满了他们从家里带来的手工艺品。在一张桌子旁，西奥在同莉娜夫人——一位同学的阿姨，分享他的家庭传统。

西奥介绍说，他的爷爷家里有"星期五聚餐"和"游戏之夜"的传统。说完之后，他问莉娜夫人："为什么你和我一样会说英语呢？"

莉娜夫人笑着回答道："为什么我不能像你一样会说英语呢？"

西奥停顿了一下，然后说："因为你看起来像阿里尔的妈妈，她的英语不太好，听起来很古怪。"

在教室的另一边，两个隔壁班的孩子驻足在马娅的桌子前，观看所展出的马娅的照片和一条毯子。马娅解释说，这条特别的毯子是用印度纱丽做的，所用到的纱丽属于她妈妈家里女性的物品。

马娅给大家看她的全家福时，西蒙娜问她："你爸爸和你妈妈为什么不一样啊？你妈妈的皮肤是棕色的，你爸爸的皮肤是白色的。我爸爸和我妈妈的皮肤都是白色的。"

塔莉娅夫人班级里出现的这些互动再正常不过了，这些都体现了幼儿对生活中所存在的人类多样性方面的多元化理解。

"多样性"这个词通常用来指那些外表、语言或行事方式与人们普遍所认为的社会规范不一样的人。从更加包容的视角来看，多样性是人类存在的自然秩序，人类各式各样的外表、语言和行事方式都是合乎规范的，都有其美妙之处。这种观点的核心在于，要欣赏世界上存在的多元的生活方式，要赞赏多样性在诸多方面为人类带来的丰富体验。尽管有些人认为教师要关注人类共性的方面，然而许多具有跨文化背景的教育家认为，人类只有在理解和赞赏多样性的情况下，才能真正明白我们之间的相似之处（Derman-Sparks & Edwards，2010；Ramsey，2015）。

在美国，种族、文化和语言等方面的差异仍在不断扩大。因此，与前几代人相比，现在的幼儿更有可能会遇到外表、语言和行事方式与自己不同的人。幼儿通过无数次的观察和互动，经常会将他们对人类多样性的理解加以应用，然后，幼儿要么会确认他们的认识，要么会调整他们的认识。在本章开头部分的小故事中，西奥和西蒙娜都在现实生活中运用了他们对民族、语言、种族和家庭的初步理解。西奥认为莉娜夫人说的英语和阿里尔妈妈说的英语一样，带有多米尼加口音，因为西奥觉得莉娜夫人看起来像拉美裔人。这种设想是建立在他对拉美裔人的认识上的，即他认为拉美裔人有着特定的外貌和口音。然而，西奥并不知道，拉丁美洲人是一个多样化的族群，他们可能会说流利的英语、西班牙语、葡萄牙语，还可能不同程度地会说其他语言，有些拉丁美洲人说的英语带有美式口音。西蒙娜对家庭和种族也怀有假定性的认识。根据之前的理解，她认为一户家庭中的成员必然属于同一个种族，因此所有家庭成员的肤色应该是一样的。在以上所举的两个例子中，西奥和西蒙娜所接收到的信息与他们对人类多样性的已有认知是不相符的。他们在与其他人的对话中所提出的问题，证明他们在尽力把这些新的信息与已有的认识匹配起来。

着手实施

当幼儿像西奥和西蒙娜那样发表意见时，有些成人会回应他们说"不能那样说"或"这样很不好"。在另外一些情况下，成人可能会解释一下，告诉幼儿他们哪儿说得不对。这两种情况都只就多样性本身进行了回应，而没有支持幼儿获得新的认识——同一种族、文化和语言群体中的人所拥有的外表、语言和行事方式是不一样的;种族、文化和语言不同的人群在外表、语言和行事方式等方面也不尽相同。成功的教学实践告诉我们,只有让幼儿去建构自己的想法,他们才能获得最佳的学习体验;教师在运用高水平问题拓展幼儿对多样性的看法时,同样能使用这种逻辑。教师不能一味地向幼儿灌输多样性的含义,而要允许他们表达自己的想法,然后再借助能启发思维的问题来帮助幼儿获得对人类多样性和丰富性的新认知。

支持幼儿的学习

幼儿需要能够帮助他们认识多样性的学习经历和学习机会,并且教师要让这样的学习经历和学习机会变成一种常态。教师可以通过实施以下步骤来达到这个目标。

» 提供机会,帮助幼儿建立积极的个人认同和群体认同。幼儿只有认同他们自身的种族、文化和语言背景,才能学会欣赏周围其他人的社会背景。

» 在教室中使用能代表不同种族、文化、语言背景的人的材料(如图书、玩具娃娃、小塑像、视觉教具、艺术品等)。

» 避免在课程中或教室材料中出现对某些群体的刻板印象化的表征方式(如在印第安帐篷中的美洲原住民)。

» 提供机会和材料（如贴满幼儿全家福的照片墙）让幼儿知道，即使在某一种族、文化或语言群体中也存在多样性。

» 指出人类共享经验中的共同点和不同点，从而在庆祝活动（如庆祝生日）的多样性和统一性之间寻找到平衡点。

» 把多样性融入班级一日常规、环境和活动中，而不是只作为特别的一堂课或一个主题。例如，关注并讨论班级幼儿不同的发型、发色和发质，或学校中的人所讲的各种不同的语言。当幼儿围绕与多样性有关的话题进行观察、提出问题时，教师要把握这些有教学价值的机会，借此来倾听他们遇到的问题、交流想法。

» 联系同事、朋友、家人和当地社区的成员，为幼儿提供与不同种族、文化和语言背景的人接触和互动的机会。

在本章开头所讲述的小故事中，塔莉娅夫人为了成功地举办家庭传统展览，使用了其中一些策略。她让幼儿和家庭成员一起先确定属于自己家庭的传统。幼儿互相了解了班级同学的家庭传统，如姓名、菜谱、假期和传家宝等。在活动期间，塔莉娅夫人阅读了一些和家庭传统有关的故事，这些故事的主人公背景多元，如由辛西娅·劳伦特（Cynthia Rylant）撰文、斯蒂芬·甘默尔（Stephen Gammell）配图的《亲朋自远方来》(*The Relatives Came*)；由阿尔玛·弗洛尔·埃达（Alma Flor Ada）撰文、埃利维亚·萨瓦迪尔（Elivia Savadier）配图的《我喜欢星期六和星期天》(*I Love Saturdays y Domingos*)；由莎伦·丹尼斯·韦思（Sharon Dennis Wyeth）撰文、巴格拉姆·伊巴图林（Bagram Ibatoulline）配图的《孙女的项链》(*The Granddaughter Necklace*)等。这些共同的经历告诉幼儿，家庭传统多种多样，但是对于这些家庭来说，每种家庭传统都是平等的，都是一笔独特的财富。

尽管塔莉娅夫人在班级中举办了一场活动来展示多样性，但是，教师仍然需要继续观察并回应幼儿对人类多样性的探究和设想。西奥对莉娜夫人的想法和评价，让塔莉娅夫人明白，她需要给班里的幼儿提供材料和学习体验，让他们知道并不能根据单一的特点来判断某个人是不是拉丁裔人。教师提出如"你和你的朋友肯德里克（班里另一位非洲裔美国男孩）有哪些相同的（不同的）地方"等高水平问题，并就幼儿的想法展开讨论，是为了强调拉丁美洲的文化各不相同，并不是所有拉丁美洲人说英语、西班牙语、葡萄牙语或其他语言的方式都是一样的。

我们假定塔莉娅夫人看到了马娅和西蒙娜互动的全过程。她知道,班里多数幼儿来自单一种族,使用的是一种语言,属于单一文化背景。她想借用这个机会来拓展幼儿对多样性和家庭的认识。

塔利娅夫人在班会期间问幼儿:"我们的家庭传统展览展出了哪些内容?什么是家庭传统?"(级别1:记忆)

幼儿回顾展览,并且分享了对这个问题的回答,例如,"展览中我最喜欢的是马娅的毯子。这条毯子让我想起了小时候奶奶给我做的小被子。"

"有谁注意到,他们的家里有一些东西很相像?"塔利娅夫人问道。(级别3:应用)后来,她在交谈中补充道:"西蒙娜,我注意到你还去看了马娅展览的东西。请跟我们说说马娅的家庭传统是什么样的。为什么说这被认为是传统?"(级别3:应用)

西蒙娜解释说,马娅的毯子是用印度纱丽做的。说完之后塔利娅夫人问道:"西蒙娜,我知道你通过这次展览了解了马娅的爸爸和妈妈的一些情况。请跟大家说一说,你在马娅的照片里注意到了什么、你问了她什么问题。"(级别3:应用)西蒙娜回答了这个问题,教师帮她概括了一下。"西蒙娜注意到,马娅的妈妈是印度人,她的皮肤是棕色的。马娅的爸爸是意大利人,他的皮肤是白色的。马娅的爸爸妈妈看起来长得不太一样,西蒙娜很想知道为什么会这样。西蒙娜,为什么你会感到很惊讶?"(级别2:理解)

西蒙娜回答说,因为她家里每个人的皮肤颜色都是一样的。塔利娅夫人说:"嗯,你知道吗,这让我想起我们探讨家庭这个主题时讨论了不同的家庭成员,当时我们还画了一幅图表,把家中成员的人数表示了出来。我们去找那张表看一下。"

塔利娅夫人找出这张图表,给大家看过之后,问道:"你从图表里能看出什么和家庭有关的信息?"(级别4:分析)一位幼儿回答说:"所有的家庭都是不一样的,每个人家里的人数都是不一样的。""是的,所有的家庭都是不一样的。其中一个不同的地方是,家里的人数不一样。还有哪些方面不一样呢?"(级别3:应用)

大家又回答出几个不同的地方，塔利娅夫人根据幼儿在家庭传统展览中观察到的各种各样的传统，引导幼儿拓展思维，思考家庭之间的相同之处和不同之处。

塔利娅夫人说："现在，我们回到西蒙娜提的问题上来，想一想，所有家庭成员的肤色一定是一样的吗？翻一下我们一起做的那本讲家庭的书，看看是不是能从中找到问题的答案。"她一边翻贴满了照片的书页，一边让幼儿观察照片中不同家庭的成员。她时不时地停下来，问："小朋友，你们的家庭在哪些方面是一样的？哪些方面是不一样的？"（级别4：分析）接下来，她让每个幼儿都仔细地观看他们的全家福，判断一下是不是所有家庭成员的肤色都是一样的。（级别4：分析）

塔利娅夫人想让幼儿明白，家庭成员的外表和行为方式可能会大不相同。她在思考，怎样能帮助班级中的幼儿对家庭产生更具包容性的认识，即家庭是一个大家彼此相爱、互相关心的圈子。

带着这样的认识，第二天，塔利娅夫人问幼儿："如果有人认为你的家人很奇怪，或者认为你的家庭不是一个真正的家庭，你会有什么样的感受？为什么会有这样的感受？"（级别5：评价）幼儿相互讨论之后一致认为，他们会觉得很受伤。然后，塔利娅夫人把《韦氏词典》（*Merriam-Webster Dictionary*）中修订后的"家庭"的定义读给大家听。"'家庭是指居住在同一居所，由一个人主要负责的一群人。'你们觉得这个定义怎么样？这个定义包含了你的家庭吗？可能漏掉了谁的家庭？"（级别5：评价）

根据幼儿的回答，塔利娅夫人告诉大家，他们要给"家庭"确定一个属于他们自己的定义——这个定义要能囊括所有人的家庭。全体幼儿集体讨论了定义中应该包含哪些内容。（级别6：创造）他们把应该包含的元素列了出来，并对其一一评估，确保公平，而且定义中不能漏掉任何一个人。（级别5：评价）这个通用的定义确定下来之后，幼儿纷纷把自己的家庭画了下来，他们还向塔利娅夫人介绍了自己家庭的独特之处，讨论什么构成了一个家庭。（级别6：创造）

在帮助幼儿深化并拓展对多样性的理解时，高水平的提问和批判性思维是必不可少的。教师所提出的问题必须建立在已知事物和幼儿有所体验的基础之上。教师既要在尊重多样性的前提下，引导交流和对话的开展，又要参与讨论，对幼儿的所见所闻做出回应，并在这两者之间寻找到平衡点。教师还要灵活变通，根据需要放慢速度。教师在全年中持续不断地使用高水平问题和认知学习经验至关重要。教师要确保提供这样的机会，即让幼儿知道多样性就在我们身边，知道多样性是人类生存的自然组成部分，由此，幼儿才会对他们所生活的世界的丰富性形成认识，并由衷地发出赞叹。这种在年幼的时候培养起来的对多样性的欣赏和认识，会在未来变成对他人的同理心和同情心，不管人与人之间是相同的，还是不同的（Souto-Manning，2013）。

> **相关绘本**
>
> *ALL the Colors We Are/Todos los colores de nuestra piel*, by Katie Kissinger, photographs by Wernher Krutein
> *And Tango Makes Three*, by Justin Richardson and Peter Parnell, illustrated by Henry Cole
> *Apple Pie 4th of July*, by Janet S. Wong, illustrated by Margaret Chodos-Irvine
> *Last Stop on Market Street*[1], by Matt de la Peña, illustrated by Christian Robinson
> *Moses Goes to a Concert*, by Isaac Millman

---

[1] 中文版《市场街最后一站》，方素珍译，中信出版社，2016年出版。——译者注

运用提问拓展幼儿的思维和学习

1　记忆
（识别、命名、点数、重复、回忆）

- "朋友"用其他的语言怎么说？
- 想想什么时候有人因为你的外貌和其他人不一样而取笑你。当时你有什么感受？
- 我们会集体庆祝哪些节日？

2　理解
（描述、讨论、解释、总结）

- 如果要让你介绍一下你家里年龄最大的人，你会说些什么？请跟我讲讲关于他的一些特别的事情。
- 你的头发美在哪儿？
- 你觉得失聪的人是怎样和其他人交流的？

3　应用
（解释原因、表演、建立联系）

- 请想一想，你在过春节的时候有什么感受？为什么有这样的感受？
- 为什么说所有的家庭传统都是特别的？
- 为什么有些男孩玩洋娃娃的时候会觉得害羞或担忧？

4　分析
（识别不同点、尝试、推测、比较、对比）

- 你和《我的哥哥查利》(My Brother Charlie) 这本书里的查利有哪些相似之处？
- 如果你的朋友因为你的外貌和语言同他们不一样而不让你和他们一起荡秋千，你会有什么感受？
- 看看那些讲科学家和运动员的书。有多少主要是讲男孩的？有多少主要是讲女孩的？你如何看待这其中的差异呢？

5　评价
（表达观点、做出判断、争辩/评论）

- 在我们读的这本书里，棕色皮肤的幼儿不被允许和浅色皮肤的幼儿在一所学校里学习。这公平吗？为什么？
- 在《美好的事物》(Something Beautiful) 这本书里，女孩发现了邻居一些美好的方面，也发现了她想改变的一些方面。你的邻居美好的方面是什么？你想改变哪些方面？
- 你觉得是什么因素让某个人成为你的朋友（一位总统）？如果要让你投票选出一个朋友，你最在意他哪种品质？

6　创造
（制作、建构、设计、创作）

- 如果要让一个坐轮椅的朋友在教室里活动起来更方便，那么我们要怎样改造教室？
- 如果要让男孩或女孩玩你最喜欢的这件玩具的话，要怎样重新设计玩具的外包装？
- 请在属于我们班级的书里，用一页纸的篇幅介绍一下你的朋友美在哪里。

> 环境就像鱼缸一样,能反映出生活在其中的人的想法、道德、态度和文化。这正是我们所努力的方向。
> ——洛里斯·马拉古兹(Loris Malaguzzi),《瑞吉欧工作法:给美国教师的入门指南》
> (*Working in the Reggio Way: A Beginner's Guide for American Teachers*)

第十八章 充分利用教室中的展示

梅利莎诺夫人是幼儿园混龄班的老师,她正在忙着进行区域活动。这时,学校的主任巴特·埃米先生和助理来到教室。他们同班里的老师和孩子们打了个招呼,然后迅速环顾了一下教室。

"我们路过教室,于是进来看看,"巴特·埃米先生说,"我们想看看你们在做哪些有趣的事情。"

幼儿很好奇地打量着这两个成人。他们一边拿纸记录着东西,一边仔细地看墙上展览的幼儿的作品。

4岁的杰娜走到巴特·埃米先生的身边,说:"你知道吗,这是我的作品。看到我的名字,还有这边突出来的这块了吗?这是我画的五金店。"

学校主任和杰娜围绕着这幅画在交谈着,其他幼儿也争先恐后地把教室里展示出来的自己的绘画和书写作品指给大人们看。梅利莎诺夫人微笑着,她准备在这一天快结束的时候,同幼儿聊一聊今天学校主任到班里来这件事情。

大多数幼儿园的教室中都有许多幼儿的艺术作品和书写作品:墙面上贴着绘画作品和创作的故事,天花板上挂着能移动的玩具,展示架上摆着用乐高玩具建构的物品和对这个物品的说明。根据《幼儿学习环境评量表(第三版)》(Early Childhood Environment Rating Scale, Third Edition,简写为 ECERS-3)中关于资源和评估工具的内容,教师有必要仔细筛选幼儿的艺术作品,并有意识地就所展示的作品同幼儿展开互动(Harms, Clifford, & Cryer, 2014)。这样的互动包括和幼儿展开的两人之间的对话、用有趣的方式把展览中涉及的文字大声地读出来。

通过引导幼儿讨论所展示的作品，幼教工作者正在使用他们所拥有的最重要的教学资源——教室。教室环境通常被认为是"第三位教师"（Carter，2007），幼儿的作品展示是教室环境的重要组成部分。幼儿园中的幼儿身处教室环境之中，在理想的情况下，他们每天都要同环境互动。

着手实施

教师要慎重思考该用哪种语言和幼儿交谈、该提出哪些问题，同样，教师也要认真考虑、精心选择、布置幼儿的作品。"少即是多"这个道理也适用于教室环境布置。教师可以在自己的教室里随意走走、看看，同时思考以下问题：

» 墙面上的多数物品对你有吸引力吗？
» 材料是否都堆在柜顶上、是否杂乱无章、是否容易让人分心或者感到不安全？
» 每个幼儿的作品看起来都差不多一样吗？他们的作品别具一格吗？
» 幼儿作品展览的高度与幼儿的眼睛处于同一水平线吗？
» 幼儿是否有机会参与到展览中，为展览的内容、地点和方式提出建议？
» 有柜子或者桌子来展示立体艺术作品（雕塑、黏土作品等）吗？
» 幼儿的平面作品是乱糟糟的，还是用卡纸、可回收相框或捐赠的相框包上了边框，看起来很特别？
» 你经常更换展览的作品吗？还是长时间展览同一批作品？

如果想让创设出来的环境对幼儿起到激励、鼓舞的作用，能吸引幼儿的兴趣，并且对幼儿来说具有教育意义，那么，其中的关键步骤就是用以上问题来反问自己。

支持幼儿的学习

为了最大程度地发挥环境潜在的教育作用，教师要带领全体幼儿或者分小组带领幼儿在教室里转一转，并指出所展示的作品。要确保每位幼儿至少对一件作品有话可说，教师要针对作品分别向幼儿提出低水平问题和高水平问题，并且对墙上或柜子上展示的、已完成的或正在进行中的作品进行反思。

教师可以在餐点时间和过渡时间，以小组的形式讨论展示作品。教师开始午餐时间的谈话时，可以不经意地指着一件展示作品，说："还记得这些画是我们什么时候画的吗？我看到有的小朋友画了一个带有大大的手柄的锤子。这儿，有个小朋友在纸上把许多雪糕棒黏成了一个长条。对于这个作品，你们还记得什么？我们那时候为什么做这个？"通过谈话，讨论幼儿之前的学习过程和作品的细节。教师所提的各个级别的问题——不论是最简单的，还是最复杂的，在这个活动中都适用。例如，幼儿去当地的五金店参观之后，教师可以围绕幼儿创作的作品提出以下问题。

» 级别1（记忆）："你画了多少个购物车？"
» 级别2（理解）："请告诉我们，你要怎么摆这些乐高积木，才能表现出商店的正面。"
» 级别3（应用）："你们在欣赏教室里展览的作品时，还能记起我们实地考察时的哪些事情？"
» 级别4（分析）："你画了一幅图来表示五金店里的木工区，我们来读一读，我们在你画的这幅图旁边写了什么。还有哪些作品可以让你想起五金店里的木工区？"
» 级别5（评价）："你用商店里的墙漆样品做了一幅拼贴画，请告诉我，你最喜欢这幅拼贴画的哪一部分？"
» 级别6（创造）："我们能给这幅关于去五金店参观的壁画起个什么名字呢？"

幼儿创作个性化艺术作品的过程在很大程度上反映了幼儿在与"第三位教师"互动的过程中，教师对有价值的教学时机的挖掘。幼儿不仅应该认出自己的作品，而且应该对自己的能力充满信心——即使不与其他幼儿的能力相比较。

教师要考虑，班级中的展示和公告栏要以怎样的面貌呈现给幼儿和他们的家长。如果幼儿在做花，那么每名幼儿做的都是不一样的吗？他们是不是用自己选的材料来做的？他们是不是用自己的方法做的？如果教师示范给幼儿看，或者告诉他们要用哪些材料来做某样东西，那么幼儿的创造力就会受到局限，他们创作的作品看起来就会是一样的。而且，教师所提的问题可能会是低水平问题——"这片树叶是什么颜色的？""你的花有几片花瓣？"，教师的其他能力，如激励幼儿对过程进行深入的思考、鼓励幼儿评价自身等也会受到限制。幼儿的建构是幼儿独特创造力的体现，而不是幼儿在多大程度上可以遵循教师的指令的反映。

展览个性化的艺术作品，为提出高水平问题和围绕作品展开讨论打开了一扇门。教师赋予了幼儿能力，让他们获得创作的自主权；教师还为围绕幼儿的作品同他们的家人进行积极的交谈打好了基础。最为关键的是，教师有机会根据幼儿的发展水平与他们交流，并在此基础上鹰架他们的学习。

相关绘本

The Dot[1], by Peter H. Reynolds
Henri's Scissors, by Jeanette Winter
The Looking Book, by P.K. Hallinan, illustrated by Patrice Barton
The Museum, by Susan Verde, illustrated by Peter H. Reynolds
Museum Trip, by Barbara Lehman

其他利用教室中的展示支持高水平思维的做法

通过让幼儿比较和（或）对比以下所展示的物品，教师可以逐步提高所提的一系列问题的难度和反思性：

- 一张幼儿在创作作品时的照片（旁边是一张已完成作品的照片）
- 横向排列关于一个物品一段时间以来的一组照片（相关内容请参考第十四章）
- 在立体作品的旁边摆放几张从不同角度（俯拍、仰拍、从后面拍）拍摄的作品照片
- 同一名幼儿相隔几个月创作的两件相似的作品，如自画像或尝试拼写

想获得更多与记录并展示幼儿作品相关的信息，请参考第十九章"记录幼儿的学习"。

---

1 中文版《点》，邢培健译，北京联合出版公司，2018年出版。——译者注

运用提问拓展幼儿的思维和学习

1 记忆
（识别、命名、点数、重复、回忆）
- 你画这幅油画时用了几种颜色的颜料？
- 这种材料叫什么？
- 你用了哪些工具来创作这个雕塑？

2 理解
（描述、讨论、解释、总结）
- 请告诉我，你是怎样把这些海绵块贴到纸上的。
- 你是怎样把这个用积木搭起来的建构作品搬到柜子上的？
- 你们小组想出了哪些点子来展示我们去洗车店的行程？

3 应用
（解释原因、表演、建立联系）
- 你是怎样把这幅油画贴到柜子边上的？
- 请你用双手比画一下，你是怎样用画笔画出这个形状的。另一个形状呢？
- 请给我展示一下你了解的关于校车司机要做的事情。

4 分析
（识别不同点、尝试、推测、比较、对比）
- 请看一下你画的这两幅油画。这两幅油画上你的名字有什么不同？
- 为什么你觉得这个小绒球是从拼贴画上掉下来的？你怎样把它重新贴上？
- 如果要实现你的想法，你觉得最好用哪些材料？

5 评价
（表达观点、做出判断、争辩/评论）
- 你对这两种颜料混合在一起制造出的新颜色感觉如何？
- 你觉得把这个挂在哪儿，才能让你奶奶来接你的时候看到？为什么？
- 请欣赏一下拉斐尔画的画。你觉得他画画的时候在思考什么？

6 创造
（制作、建构、设计、创作）
- 你用乐高积木拼出来的这个造型很有意思。你觉得你用木质积木也能做出这个造型吗？为什么能（不能）？
- 我们刚刚参观了建筑工地，那么我们能给关于去五金店的故事再补充一些内容吗？你想补充哪些你之前不知道的细节呢？
- 既然你觉得在"宝宝"睡觉时，角色游戏区中的"家人"要很安静，那么，你可以摆一个什么样的标识来提醒大家注意这一点？

档案记录可以让其他人"看见"幼儿在发展适宜的教学环境中所学到的内容。

——朱迪·哈里斯·赫尔姆和萨利·贝内克和凯茜·斯坦海默
（Judy Harris Helm, Sallee Beneke, & Kathy Steinheimer），《幼儿活动档案记录与解读》（第二版）
（ Windows on Learning: Documenting Young Children's Work, Second Edition ）

第十九章 记录幼儿的学习

辛迪·吉娜雷莉

上午的区域活动时间，4岁的阿齐兹拿着马克笔在白板上涂涂画画。他的同学麦迪逊坐在旁边，非常专注地看着他。麦迪逊用一支蜡笔在书写板夹着的纸上画了一堆符号。格蕾丝夫人走近麦迪逊，用手势示意她要坐到麦迪逊旁边。

麦迪逊把一个手指放在嘴唇上，轻声说："格蕾丝夫人，过来坐在我旁边吧，但是请保持安静。你看，我和你一样正在忙着写东西。我不想错过阿齐兹做的任何一件事，因为他正在做非常非常重要的事情。"

格蕾丝夫人轻轻地点了点头，轻声说："好的，如果需要我做什么事情，请告诉我。"

"也许你可以在我记东西的时候，用你的高级照相机给我拍拍照片。"麦迪逊不假思索地回答道。"那真是太棒了，我不想错过任何一个细节。"阿齐兹一画完，格蕾丝夫人就走了过去。"我注意到，你刚才在专注地画画。你能跟我说一说你画的画吗？"

阿齐兹转向老师，说："格蕾丝夫人，你刚才把我画画的过程全都拍下来了吗？"

"是的，阿齐兹，老师都拍下来了。"麦迪逊抢着回答道。"我让老师拍照片的，你知道吗？格蕾丝夫人已经把照片都导出来存在计算机里了。阿齐兹，我们来看看照片，你可以跟我说一说画画的过程。"麦迪逊指着一张照片说道："噢，这张照片真有意思。你想跟我说说画画过程中的哪些事情呢？"

阿齐兹看着最后一张照片，把他画爸爸的卡车的全过程讲了一遍。然后，他告诉格蕾丝夫人，他在白板上画完了。阿齐兹和麦迪逊继续到其他兴趣区进行活动。格蕾丝夫人将打印出来的照片，连同阿齐兹讲的故事一起，制作了一块记录板。她打算今天晚些时候跟阿齐兹一起回顾一下照片，再接着问他一些问题。

档案记录使得幼儿的学习变得可视化。这样的记录将幼儿的学习娓娓道来，让教师能理解幼儿的想法和兴趣所在。这种形式下，每名幼儿所呈现出来的内容都是不一样的；幼儿在参与简单的日常体验时，这种呈现形式又是最真实的。把记录板放在走廊或户外的公告栏里进行展示，让幼儿的家人有机会看到并读到幼儿在园的一日生活。教师可以向幼儿提出适宜的问题，问他们在做什么，这样能了解到很多信息，帮助他们回顾活动，还能把他们的学习情况分享给幼儿的家人以及其他人。在本章开篇的小故事中，麦迪逊通过注视教师的行为，学习到该怎样做来深入观察其他幼儿的作品。她还模仿格蕾丝夫人的动作和语言，努力尝试扮演教师的角色。

瑞吉欧·艾米利亚学习模式对教育工作者理解幼儿档案记录的价值有着深刻的影响。在瑞吉欧·艾米利亚学校的创始人——洛里斯·马拉古兹看来，幼儿"在思索他们所做成的事情的意义时，会变得更有好奇心、更感兴趣、更有信心"（1993，p. 63）。

着手实施

教师要经常用到档案记录。如果教师采用格蕾丝夫人在班级中所用的这种积极的方式，便能经常听到幼儿对他们说："快过来看看，要把我们做的都记下来！"教师要在一天中的集体活动时间、小组时间、区域活动时间、餐点时间和户外时间，捕捉幼儿积极的学习体验。幼儿要对教师所提问题的种类感到从容，从教师所给予的建设性反馈中感受到力量。教师同幼儿讨论作品时，要使用开放式的问题并将其作为日常交流的一部分。教师应避免给出答案，避免在幼儿述说他们所做的事情之前就自以为很了解幼儿的行为。

教师记录的内容和采用的记录方式应该是自然的，而不是刻意为之的。教师要观察、等待，记录下寻常的学习时刻，而不是为了记录而专门设置出一个场景。针对每位幼儿进行的档案记录都应该是独特的。教师要反问自己，这样记录的初衷到底是什么。是因为你第一次看到幼儿完成一项任务？还是因为幼儿比以往更加熟练地完成了一件事情？幼儿有没有表现出一些行为，让你洞悉到他们在不断地成长进步？幼儿有没有用到新的词汇或者表达出对新概念的理解？

以下是记录幼儿学习的一些建议。

» 将幼儿沉浸在真正的以幼儿为主导的学习体验中的时刻捕捉下来。
» 写下简短的逸事，记录幼儿的言行。
» 把幼儿正在做的事情拍下来（如果可以的话，在附近准备一台照相机）。
» 在教室各个地方的篮子里都备好便条纸，方便拿取。
» 把看到的或听到的有趣的事情写下来，之后再判断将其用作正式评估幼儿的一条依据是否足够关键。
» 同幼儿进行非正式的聊天；提出问题，以便清楚地认识幼儿是怎样思考他们正在做的事情的。
» 制作一块记录板，按时间顺序展示幼儿对一个主题的深入研究，其中包括研究的步骤。

支持幼儿的学习

阿齐兹看到格蕾丝夫人把他的作品记录板放在走廊上，供家长观看，他感到非常自豪并继续进行绘画创作。格蕾丝夫人得知阿齐兹不经常去艺术区之后，她尽最大可能用记录板来持续记录他的作品。几个星期之后，阿齐兹告诉格蕾丝夫人，他有一个主意：他想把他画的画都收集起来，做成一本故事书。

很明显，格蕾丝夫人对班里的幼儿了如指掌。幼儿在进行日常活动的时候，她经常在做各种记录。她十分了解麦迪逊和阿齐兹的气质与性格，并且注意到，麦迪逊通常喜欢独自游戏，还喜欢扮演成大人。格蕾丝夫人知道，如果她问麦迪逊在做什么，麦迪逊会感到不好意思，可能会停下正在做的事情。格蕾丝夫人还意识到，如果她尝试跟阿齐兹说话，可能会让他分心。因此，她并没有这样去做，而是用照相机记录下阿齐兹画卡车司机的过程。麦迪逊和阿齐兹都为格蕾丝夫人提供了大量有用的信息，帮助她了解他们的学习情况。

格蕾丝夫人向阿齐兹展示过制作的记录板之后，又同他展开了另一段对话，提出了以下这些问题。然后，她把阿齐兹的回答做成了另一块记录板。

记忆

格蕾丝夫人：你在画爸爸的卡车时，用到了哪些形状？

阿齐兹：噢，那太简单了。看！我用了两个圆形来表示车轮，然后，我画了这个长方形来表示卡车。但是，你知道吗？卡车另一边的圆形车轮会更多，但是我没有画卡车另一边。

理解

格蕾丝夫人：刚才在看你的画时，你跟我说有车轮，还有一个车喇叭。你还画了其他什么东西？

阿齐兹：这个卡车真的很大，卡车还有雨刮，因为我们坐在卡车里时，外面会下雨。对了，你在画里看不到我，因为我坐在我的儿童座椅上，而且我本来就很小。

应用

格蕾丝夫人：我还想知道更多和你的画有关的事情。为什么你爸爸要把工具放在卡车上呢？

阿齐兹：因为他是工人，他要用工具来修东西。他要安装好电线，这样我们才能使用计算机、电灯、冰箱。实际上是我妈妈把我的午饭放进冰箱的，不是我爸爸。

分析

格蕾丝夫人：我记得你跟我说过，你妈妈也开着一辆卡车。你妈妈开的卡车和你爸爸开的卡车一样吗？

阿齐兹：一样的，我妈妈开的卡车也有车轮和喇叭。但是我爸爸的卡车上有工具，我妈妈的卡车上没有工具。

评价

格蕾丝夫人：如果你爸爸上班时忘记带工具了，会怎么样？

阿齐兹：我觉得他不会忘记带的，因为那样的话，他就没办法剪断电线再固定住了。但是，有一天他忘了给我带午饭。

创造

格蕾丝夫人：我想知道，你怎样能做出一个和你爸爸开的一样的卡车。你会用到哪些材料？

阿齐兹：我会用到各种大大小小的纸盒。可以把圆形的东西当作车轮。我可以明天做，因为明天是星期三。今天不行，因为今天不是星期三。

相关绘本

Daniel Finds a Poem, by Micha Archer
Look! Look! Look! at Sculpture, by Nancy Elizabeth Wallace, with Linda K. Friedlaender
The Looking Book, by P.K. Hallinan, illustrated by Patrice Barton
Lucy's Picture, by Nicola Moon, illustrated by Alex Ayliffe
Yoko Writes Her Name, by Rosemary Wells

运用提问拓展幼儿的思维和学习

1 记忆
（识别、命名、点数、重复、回忆）
- 你先画的是哪一部分？
- 你制作车轮的时候用了多少个圆形？
- 你用哪些颜色来画花？

2 理解
（描述、讨论、解释、总结）
- 小狗的前爪和后爪有哪些地方是一样的？我们来仔细看看。
- 今天来学校的路上，你看到（做）了什么？
- 我应该把哪些和你的画有关的东西写下来呢？

3 应用
（解释原因、表演、建立联系）
- 请说一说你帮助爸爸（奶奶、阿姨）做饭的经历。
- 你还有可能在哪儿看到那样的汽车？
- 假如你是一位像索菲娅妈妈那样的园艺师，请表演给我们看看，她工作的时候会做哪些事情。（一位幼儿假装在工作，其他幼儿猜猜她在做什么。）

4 分析
（识别不同点、尝试、推测、比较、对比）
- 如果自行车的车轮是其他形状，而不是圆形的，会怎么样？
- 你们注意到今天的班会信息板有什么变化吗？
- 我们把红球上的洞补上了，那么，这个球摸起来和昨天有什么不一样？

5 评价
（表达观点、做出判断、争辩/评论）
- 如果我们饭店里的比萨涨价，会怎么样？
- 如果有人把所有橡皮泥都拿走了，而且不愿意和艺术区里的其他人分享，你会说什么？
- 你画的绿巨人的最大特点是什么？

6 创造
（制作、建构、设计、创作）
- 怎样用积木区里的这些材料再做出一个机器人？
- 如果我们要做一个记录板，把我们建菜园的过程都表现出来，那么要怎样做？
- 如果我们要做一本书，把角色游戏区变成花店的过程都记录下来，那么要怎样做？

第四部分

资源

提供给教师及其他幼教工作者的资源

有一个问题！

前面的章节呈现了很多教师与幼儿交谈的案例，在这些案例中，教师面对不同的情境运用了不同级别的问题。以下是一些补充的问题和交谈技巧，这些问题和技巧已被美国幼儿园及学前班中的教师广泛使用。

级别 1：记忆

» 你的鞋子是什么颜色的？
» 你的拼贴画里用了多少个长方形？
» 我们种蔬菜的地方叫什么？
» 这个拼图块是什么形状的？

级别 2：理解

» 今天，我们在建筑工地遇到建筑工人时，你们看到了什么？
» 请跟我介绍一下你的家人。
» 请说说今天在角色游戏区，你要为我做什么晚餐？
» 请跟我说说你搭的积木楼房的这一部分。

级别 3：应用

» 你在现实生活中见过这样的楼房吗？你为什么选择用这块积木做门？
» 你怎样用身体表现雪花从天空中飘落的样子？
» 我想知道毛毛虫变成蝴蝶是什么样的感觉。请你们用小手来表示一下。
» 玛丽萨和你都想把洋娃娃哄睡，我想知道你们用了什么样的玩法，让你们后来都没有生气？
» 我们种的豆科植物在窗台上长得很高，看起来现在可以把它们移栽到花园里去了。如果要让这些植物在户外长得又高又壮，那么我们要做什么？
» 外面阳光明媚，天气暖和，你喜欢跟家人出去做什么？

级别 4：分析

» 凯琳养的宠物兔和我们的沙鼠有哪些相同的地方？有哪些不同的地方？
» 如果大家都想到你建的楼房里去，他们要从哪儿进去？如果狗或者猫也想进去，它们要从哪儿进去？
» 我们听了两首歌，歌名都是《我们要去猎熊》。你们注意到，这两首歌有什么相同（不同）之处吗？
» 如果你用乐高积木，而不是用木质积木来搭楼房，你觉得搭出来的楼房效果会是一样的吗？可能会有什么不同？
» 我们刚刚讲了阿拉姆·金（Aram Kim）写的《公车上的猫咪》（*Cat on the Bus*）这个故事。昨天我们讲了由艾瑞克·利温（Eric Litwin）撰文、詹姆斯·迪安（James Dean）配图的故事《皮特猫：我爱我的脏鞋子》（*Pete the Cat: I Love My White Shoes*）。我们在故事时间讲书上有字的故事（《皮特猫：我爱我的脏鞋子》）和书上没有字的故事（《公车上的猫咪》）时，有什么区别？
» 你把小汽车从尼古拉手里抢走后，你觉得他会有什么感受？你看看他的表情，听听他的声音，能知道吗？
» 今天你刚来幼儿园时非常难过，一个人坐着。现在是音乐时间，你和小朋友们一起开怀大笑。从早上到现在你都有哪些变化？你感觉到不同了吗？
» 这些颜料（红色、黄色、蓝色、黑色、白色）要怎样混合才能调出你画天空用的那种紫色？
» 请告诉我，你是怎样在纸上调出那种颜色的？

级别 5：评价

» 这两栋用积木搭的楼房非常像。我们来玩一个游戏！你觉得需要做什么能让这一栋楼房和那一栋变得一模一样？
» 你觉得故事里的小男孩和妹妹分享玩具的做法对吗？你是怎么知道的？

» 如果我们想进入你用积木搭的楼房里去，你觉得从哪边进去最方便？为什么？

» 你觉得羽毛适合用来玩捉迷藏游戏吗？为什么适合或为什么不适合？

» 谁来说一说，我们能做什么来帮助我们的新朋友特里妮蒂，让她感到她是我们班的一分子？

> 这部分的许多资源还能供从事教师教育或教学管理的人员使用。

» 你觉得非常光滑的橡皮泥和带有颗粒状的橡皮泥哪种感觉更好？为什么？

» 如果莫·威廉斯（Mo Willems）书中的鸽子是一条金鱼，那么你觉得故事会有什么不一样？

» 上个星期，你和基莎很难玩到一起。现在，你们在一起玩得很开心，你觉得这是为什么呢？

级别 6：创造

» 请把你看到的发生在教室外的事情画下来。你可以用科学区的探索记录表、带夹子的书写板和不同颜色的马克笔来画。

» 今天我们要给蜥蜴建造家园。我们要用哪些材料？我们从哪儿能找到这些材料？我们在开始之前先做个计划。

» 怎样设计一条路，让小汽车开进你建造的车库里去？

» 我想知道，怎样改造角色游戏区才能把它变成像我们参观过的医生办公室那样？

» 怎样使用这些可回收材料，创作出雕塑？

可以在任何时间、任何地点提的问题

教师可以将以下索引卡大小的卡片复印、裁剪后放在教室中，也可以用圆环将其串起来放在口袋里或应急包中，随身携带。教师要随着一日常规的进行，始终把卡片放在易于查看的地方。

级别1：记忆
（识别、命名、点数、重复、回忆）

- 这叫什么？
- 有多少个 _____？
- 你对 _____ 记住了哪些？
- 这是什么颜色（形状）？
- 请指一指 _____。

级别2：理解
（描述、讨论、解释、总结）

- 先（接下来、最后）发生了什么？
- 和这个故事（积木建构、绘画、主角）有关的事情，你能告诉我什么？
- 你怎样把这些拼图块（泰迪熊、纽扣）分类（分开）？
- 请再多告诉我一些和这个故事（朋友、家人、图画）有关的事情。

级别3：应用
（解释原因、表演、建立联系）

- 你为什么会那样画画（搭建楼房、结束故事）呢？
- 在生活中（在教室里、在另一本书里）的 _____，你见过这个？
- 如果你改变了故事中的角色（用积木搭的楼房、拼贴画），会怎么样？
- 你要从艺术区（角色扮演区、积木区）拿哪些材料来完成创作？
- 如果你在家里感到难过（不舒服、累了、心神不安），你的妈妈（爸爸、奶奶、姐姐）做什么会让你感觉好受些？

级别 4：分析
（识别不同点、尝试、推测、比较、对比）

- 你觉得这个人物（朋友、动物）怎么样？为什么？
- 开头和结尾有什么不一样？
- 和刚开始的时候比，这个看起来有什么不一样？
- 这个故事是真的还是假的？你是怎么知道的？
- 我们怎样用乐高积木（立方体、艺术材料）来让你的作品立起来？

级别 5：评价
（表达观点、做出判断、争辩／评论）

- 他（她）本来能用什么不同的方法解决这个问题？
- 你觉得故事中 _____ 的做法正确吗？为什么？
- 你最喜欢哪个动物（故事、图画）？为什么？
- 你同意故事的结局吗？为什么？
- 你如何评价你的画（朋友的行为、刚出生的妹妹、爸爸的离开）？

级别 6：创造
（制作、建构、设计、创作）

- 我们怎样解决这个问题？
- 你能做一个东西来存放铅笔（把车拉出来、防止动物逃跑）吗？
- 怎样用这个曲调创编一首新歌？
- 围绕这个主题你能创编出什么故事？
- 对于创作壁画（拼贴画、属于班级的书），你有什么点子？你想用哪些材料来做？

反思性问题

读完本书的一两章或读完整本书后,请思考以下问题,回顾你学到了什么。

思考运用高水平问题的技巧

1. 你持续地向幼儿提出了哪些类型的问题?
2. 你想立刻尝试你所学到的哪一个问题、点子或技巧?
3. 下个月你准备尝试什么?
4. 从长远考虑,你想尝试什么?要怎样来实现呢?
5. 你读某一章的时候,"顿悟"时刻出现在什么地方?
6. 章节末尾的哪些问题特别适合于向个别幼儿或幼儿群体提出?为什么?
7. 你对章节里提到的哪些绘本最感兴趣?这些书是怎样吸引班级中的幼儿的?

对本书的一般性思考

1. 哪些章节对你所接触的幼儿来说最实用?为什么?
2. 哪些主题在书中重复出现?
3. 有些绘本在多个章节中被提到。你会用哪些不同的方式来使用这些书籍?
4. 读完整本书之后,你想补充哪些书中没有提到的话题?

提供给家长的资源

鼓励家长在家中对幼儿使用高水平问题。以下三份资料可以复印后,分发给家长。

与幼儿的一日生活有关的问题

亲爱的家长：

当您问孩子这一天在幼儿园里过得怎么样时，他是不是经常回答"挺好的"或者"还行"？以下这些开放式问题能帮助您和孩子开始一段对话，以便了解孩子在一天中都做了什么。这些问题的答案不是"是"或者"不是"，开放式问题能鼓励孩子真正地思考他们这一天都做了什么。您是最了解自己孩子的，如果有些词他们无法理解，请换一个问题或想一个新的问题出来。试试把这些问题贴在冰箱门上，来提醒您问孩子问题！

（1）今天在幼儿园里发生的最棒的事情是什么？

（2）今天在幼儿园里遇到的最难的事情是什么？

（3）今天在幼儿园里发生的最有意思的事情是什么？

（4）今天在幼儿园里，其他小朋友做的最美好的事情是什么？

（5）今天在幼儿园里，有没有什么事情让你感到自豪？请详细跟我说说。

（6）今天老师读了哪本书？请跟我讲一讲这个故事。

在餐点时间提出的问题

亲爱的家长：

　　餐点时间是您和孩子交谈的理想时机，您可以和孩子讨论他们在吃的食物、一起学习新词汇，还能互相分享想法。以下这些开放式问题能帮助您和孩子在餐点时间开始一段对话。这些问题的答案不是"是"或者"不是"，开放式问题能鼓励孩子真正地思考他们在吃的东西和其他对孩子来说重要的事情。您是最了解自己孩子的，如果有些词他们无法理解，请换一个问题或想一个新的问题出来。试试把这些问题贴在冰箱门上，来提醒您问孩子问题！

　　（1）如果你是我们家的大厨，那么早餐（午餐、晚餐）你想做什么？为什么？

　　（2）今天你在学校吃的食物里，哪些是之前没有见过的或者与之前不同的？请跟我说一说这些食物。

　　（3）你会用什么词来描述我们正在吃的鸡（大米、蔬菜）？想一想，要用哪些词来描述食物的味道、口感以及我们咀嚼时发出的声音。

　　（4）请找一找，桌子上哪样东西：
- 是红色（蓝色、黄色）的？
- 的数量多于 10 个？
- 比你的手大？
- 比 1 分钱硬币小？
- 的形状像门（1 分钱硬币、窗户）或者是长方形（圆形、三角形）的？

讲睡前故事时提出的问题

亲爱的家长：

睡前故事时间是您与孩子分享好书的理想时机。您在与孩子共度这段时光时，可以同孩子聊天，还能拥抱孩子。您在读书的过程中，要和孩子一起分享故事和图片，与此同时，尽量不要问问题。当然，如果您的孩子打断了故事，发表评论性的语言或提出问题，这也是允许的。在读故事之前提出问题，让孩子做好听故事的准备；在读完故事之后提出问题，与孩子一起讨论故事，让孩子表达出对故事的思考。以下是一些建议。

（1）所有优秀的儿童书籍都可以用来讲睡前故事！要选择那些您和您的孩子都喜欢的书。您越喜爱这本书，您读起来的时候就越充满热情。

（2）如果您的孩子对一本书不感兴趣，那么就把这本书收起来。这本书可能故事太长，语言太啰唆，或者仅仅是不适合孩子的胃口。您可以换个时间再读这本书。

（3）如果您的孩子一遍又一遍地要求您读同一本书，这也是允许的。反复听同一个故事有助于培养孩子的听力和阅读能力。对一个故事了如指掌可能会让您的孩子充满自信心。您可以提出一些与以往不同的问题，来确保阅读过程充满趣味。

（4）很多书籍比较昂贵，您不一定非要花钱买下。您可以带着孩子一起去图书馆——这是社区提供的宝贵财富之一！

在读故事之前提的问题：
（1）你觉得这个故事讲的是什么？（看一看书的封面和封底。）
（2）你觉得故事里的角色会是什么样的？
（3）你觉得这个故事发生在哪儿？
（4）你觉得这个故事是真实发生（非虚构）的，还是假想（虚构）的？
（5）封面上的插画让你联想到了什么？你有什么感受？

在读完故事之后提的问题：
（1）你觉得这个故事怎么样？
（2）你最喜欢故事的哪一部分？
（3）你能想出一个不同的结局吗？你想的结局是什么样的？
（4）如果让你写（画）这个故事，哪些地方会不一样？
（5）如果让你续编这个故事，那么接下来会发生什么？

关于食物的绘本

Bread, Bread, Bread, by Ann Morris, photographs by Ken Heyman

Go, Go, Grapes! A Fruit Chant, by April Pulley Sayre

Green Eggs and Ham[1], by Dr. Seuss

Rah, Rah, Radishes! A Vegetable Chant, by April Pulley Sayre

Spoon, by Amy Krouse Rosenthal, illustrated by Scott Magoon

Yummy! Good Food Makes Me Strong!, by Shelley Rotner and Sheila M. Kelly

适合睡前阅读的绘本

"More More More," Said the Baby[2], by Vera B.Williams

Time for Bed, by Mem Fox, illustrated by Jane Dyer

Goodnight Moon[3], by Margaret Wise Brown, illustrated by Clement Hurd

Ten, Nine, Eight, by Molly Bang Llama, Llama Red Pajama, by Anna Dewdney

Where the Wild Things Are[4], by Maurice Sendak

Go Away, Big Green Monster![5], by Ed Emberly

---

[1] 中文版《绿鸡蛋和火腿》，王晓颖译，中译出版社，2017 年出版。——译者注

[2] 中文版《还要，还要，我还要》，余治莹译，外语教学与研究出版社，2018 年出版。——译者注

[3] 中文版《晚安，月亮》，阿甲译，北京联合出版公司，2014 年出版。——译者注

[4] 中文版《野兽出没的地方》，阿甲译，明天出版社，2009 年出版。——译者注

[5] 中文版《走开，绿色大怪物》，余治莹译，河北教育出版社，2010 年出版。——译者注

参考文献

Anderson, L.W., & D.R. Krathwohl, eds. 2000. *A Taxonomy for Learning, Teaching, and Assessing: A Revision of Bloom's Taxonomy of Educational Objectives*. New York: Pearson.

Berk, L.E. 2003. *Child Development*. 6th ed. Boston: Pearson.

Bloom, B.S, ed. 1956. *Cognitive Domain*. Handbook 1 of *Taxonomy of Educational Objectives: The Classification of Educational Goals*. White Plains, NY: Longman.

Carter, M. 2007. "Making Your Environment 'The Third Teacher.'" *Exchange* 176 (July/August): 22–26.

Copple, C., & S. Bredekamp. 2006. *Basics of Developmentally Appropriate Practice: An Introduction for Teachers of Children 3 to 6*. Washington, DC: NAEYC.

Derman-Sparks, L., & J.O. Edwards. 2010. *Anti-Bias Education for Young Children and Ourselves*. Washington, DC: NAEYC.

Eisner, E.W. 2004. *The Arts and the Creation of Mind*. New Haven, CT: Yale University Press.

Fusco, E. 2012. *Effective Questioning Strategies in the Classroom: A Step-by-Step Approach to Engaged Thinking and Learning, K–8*. New York: Teachers College Press.

Galinsky, E., & N. Gardner. 2017. "Good Guidance: The 7 Essential Life Skills—Skill 5: Critical Thinking." *Teaching Young Children* 10 (2): 5–7.

Griss, S. "The Power of Movement in Teaching and Learning." *Education Week*, March 20, 2013.

Hansel, R.R. 2015. "Bringing Blocks Back to the Kindergarten Classroom." *Young Children* 70 (1): 44–51.

Hansel, R.R. 2017. *Creative Block Play: A Comprehensive Guide to Learning through Building*. St. Paul, MN: Redleaf Press.

Harms, T., R.M. Clifford, & D. Cryer. 2014. *Early Childhood Environment Rating Scale*. 3rd ed. (ECERS-3). New York: Teachers College Press.

Jalongo, M.R. 2008. *Learning to Listen, Listening to Learn: Building Essential Skills in Young Children*. Washington, DC: NAEYC.

Malaguzzi, L. 1993. "History, Ideas, and Basic Philosophy." In *The Hundred Languages of Children: The Reggio Emilia Approach to Early Childhood Education*, eds. C. Edwards, L. Gandini, & G. Forman, 41–90. Norwood, NJ: Ablex Publishing.

McLennan, D.P. 2017. "Math Learning—and a Touch of Science—in the Outdoor World." *Teaching Young Children* 10 (4): 19–22.

Mufson, L., & J. Strasser. 2016. "'Not All Done, Just Done for Today!' Using Multiday Creative Explorations and Bloom's Taxonomy to Extend Preschoolers' Thinking." *Teaching Young Children* 9 (3): 19–21.

Nemeth, K.N. 2012. *Basics of Supporting Dual Language Learners: An Introduction for Educators of Children from Birth through Age 8*. Washington, DC: NAEYC.

Ramsey, P.G. 2015. *Teaching and Learning in a Diverse World: Multicultural Education for Young Children*. 4th ed. New York: Teachers College Press.

Souto-Manning, M. 2013. *Multicultural Teaching in the Early Childhood Classroom: Approaches, Strategies and Tools, Preschool–2nd Grade*. New York: Teachers College Press.

Torbert, M., & L.B. Schneider. 1993. *Follow Me Too: A Handbook of Movement Activities for Three- To Five-Year-Olds*. Boston, MA: Addison-Wesley.

Tunks, K.W. 2009. "Block Play: Practical Suggestions for Common Dilemmas." *Dimensions of Early Childhood* 37 (1): 3–8.

Vance, E. 2014. *Class Meetings: Young Children Solving Problems Together*. Rev. ed. Washington, DC: NAEYC.

"幼儿园区域活动材料丛书"
（全彩）

王微丽　霍力岩　主编

《幼儿园语言区材料设计与评价》　定价：60.00元
《幼儿园数学区材料设计与评价》　定价：60.00元
《幼儿园生活区材料设计与评价》　定价：60.00元
《幼儿园科学区材料设计与评价》　定价：60.00元
《幼儿园社会区材料设计与评价》　定价：60.00元
《幼儿园艺术区材料设计与评价》　定价：60.00元

以丛书为代表性成果的研究荣获"广东省教育教学成果（基础教育类）一等奖"

"幼儿园区域活动材料丛书"与《幼儿园区域活动——环境创设与活动设计方法》（第二版）相得益彰，全面地展示了幼儿园区域环境创设、材料设计与投放、活动开展与评价的方法……

《以游戏为中心的幼儿园课程》

［美］Judith Van Hoorn 等 著
史明洁 等 译
定价：82.00元

美国幼儿游戏研究领域的先驱者，手把手教你如何把游戏故事、游戏理论和幼儿园五大领域课程完美地结合起来。

《幼儿园自主游戏观察与记录——从游戏故事中发现儿童》（全彩）

董旭花 等 著
定价：58.00元

我国著名幼教专家董旭花老师在这本书中告诉我们——"儿童是有能力、有自信的学习者和沟通者"。

《幼儿园户外环境创设与活动指导》（全彩）

董旭花 等 著
定价：72.00元

国内第一本从理论到实践，系统阐述幼儿园户外环境创设的图书。

《幼儿教育课程》（第四版）

［美］K. E. Catron 等 著　李敏谊 等 译
定价：82.00元

我们不应该把课程看作一个包装好的产品，而应该把它看作一个动态的和发展的过程。

专业图书，陪伴您的专业成长。扫一扫下方二维码，更多优质图书等着您！

万千教育微信公众号

官方微店